湖南信息职业技术学院"双百卓越人才"培养□□□□

U0677738

产教融合实践体系下
高职院校会计专业教学创新

蒋洁琼 著

东北大学出版社
·沈 阳·

图书在版编目（CIP）数据

产教融合实践体系下高职院校会计专业教学创新 /
蒋洁琼著. — 沈阳：东北大学出版社，2023.12
　　ISBN 978-7-5517-3443-1

　　Ⅰ．①产…　Ⅱ．①蒋…　Ⅲ．①会计学－教学研究－高
等职业教育　Ⅳ．①F230-4

中国国家版本馆 CIP 数据核字（2024）第 005238 号

───────────────────────────────

出 版 者：东北大学出版社
　　　　　地址：沈阳市和平区文化路三号巷 11 号
　　　　　邮编：110819
　　　　　电话：024-83683655（总编室）
　　　　　　　　024-83687331（营销部）
　　　　　网址：http://press.neu.edu.cn
印 刷 者：辽宁一诺广告印务有限公司
发 行 者：东北大学出版社
幅面尺寸：170 mm×240 mm
印　　张：9.25
字　　数：166 千字
出版时间：2023 年 12 月第 1 版
印刷时间：2023 年 12 月第 1 次印刷
策划编辑：周文婷
责任编辑：杨　坤
责任校对：刘新宇
封面设计：潘正一
责任出版：初　茗

───────────────────────────────

ISBN 978-7-5517-3443-1　　　　　　　　定　价：45.00 元

作者简介

　　蒋洁琼，女，1990 年 6 月出生，中国共产党党员，毕业于英国中央兰开夏大学金融管理专业，硕士研究生学员，主要研究方向为会计、会计管理、职业教育。现任职于湖南信息高职院校经济管理学院，主讲经济法基础等专业课程。公开独立发表多篇论文，主持并参与市厅级课题 6 项、校级重点课题 1 项。

前　言

　　产教融合是一种结合了产业和职业教育的新型办学模式。产教融合既与高职院校有密切的联系，也与企业有着不可分割的关系，是能够实现两者协同育人的最有效途径。它的基本特性在于产教一体化，能在学校和企业的互动中建立起交流平台，从而达成互利共赢的目的。高职院校的人才培养，离不开大量的实践，因此实践教学系统具有至关重要的作用。它是提升高职院校学生职业综合技能的关键因素，同时是推动产教融合的力量之源。

　　当前阶段，高职院校急需解决的一个焦点问题，是会计专业人才培养的问题。会计专业的目标是培养具有良好的专业操守、前沿的科技观念、较强的创新意识、深厚的理论知识以及极强的实践能力的会计岗位人才。为实现这一培养目标，高职院校必须把会计专业教育的重点放在提升学生的综合品质和人文修养上，并确保他们的基本业务水平达到标准要求。此外，高职院校还需要明确定位会计专业的关键能力及其所需的核心技术，从而构建一套完善的教育体系来实施培养计划。但是，结合现有的教学改革成果来看，高职院校会计专业现有的教育教学仍存在待改进的地方，主要表现在人才供给与企业需求的结构性矛盾、实践教学开展不足、课程设置与技能竞赛脱节等。这极大地降低了高职院校会计专业的育人成效，并对学生的健康、全面发展产生了一定的负面效应。

　　大数据、人工智能、移动互联网、物联网、区块链等新一代信息技术的发展，使传统的会计行业也经历着全方位更新换代。在产教融合实践体系下，为推动会计职业教育高质量发展，本书以高职院校为研究主体，基于理论与实践紧密结合的产教融合政策，对接数字经济时代下的企业需求，建立智能技术升级下的专业财经技能人才与高职院校人才培养模式，积极探索校企"双元"育人模式，与企业实现资源共享、相互补充、共同促进，为经济社会发展提供优质财经人才资源支撑。全书共分为五章。第一章主要界定了相关概念、论述了相关理论，并对产教融合的相关政策进行了分析，是全书的理论支撑；第二章分别论述了高职院校会计专业产教融合的现实依据和会计专业产教融合机制构建的思路；第三章以产教融合实践体系为背景，分析了高职院校会计专业目前的教学现状，并结合现状对当下会计专业教育存在的问题进行了详细分析；第四章介绍了国内外较为成功的产教融合育人模式，以及这些教育实践带给我国职业教育的启示；第五章主要从课程体系、教学理念、实践教学体系、评价体系以及教师团队的专业素质等方面，提出了产教融合实践体系下高职院校会计专业教学的创新路径，是本书的重点。

著者在日常教学工作中得到了相关专家学者、同行、同事的帮助，也希望能够将自己的一些经验通过书稿的方式为其他同行或对这项研究感兴趣的人提供帮助，并希望能够为高职院校会计专业的产教融合发展提供一点助力。鉴于著者在高职院校会计专业教育中的经验和产教融合专业的知识储备尚不充足，并且编写过程中时间紧迫，书中可能存在一些不足之处，欢迎读者给予批评指正。

本书不仅适合高职院校会计专业的教师阅读，也适合会计专业高职院校学生、师范院校会计专业的学生以及其他研究人员或普通读者作为扩展资料阅读。

蒋洁琼

2023 年 8 月

目　录

第一章 概 述

》》 第一节 基本概念界定

一、产教融合

（一）产教融合概念及内涵

从人类社会的现实生产实践活动出发，教育与产业逐步演化成为两个相互分离的体系。教育承担着对生产实践中知识的归纳与传递的作用，而产业则是其知识体系的主要来源。在现代社会生产日益复杂化、劳动分工日趋精细化的情况下，二者的互动与融合将产生极大的经济效益与社会效益。在知识经济发展的背景下，为了促进我国经济的可持续发展，必须使教育与产业相融合。在此大环境下，我国提出了将产教融合作为推进我国产业结构调整与教育结构调整的一个重大发展方向，并出台了多项相关政策。《国家产教融合建设试点实施方案》等文件的出台，更好地发挥了高职院校在区域经济创新驱动发展中的战略性支撑作用。2021 年，我国遴选了首批 21 个国家产教融合试点城市和 63 个国家产教融合型企业，加速推进了产教融合的变革与创新。这表明我国在产教融合深度发展方面已经有了长足的进步，也有了显著的进展并取得了积极的成果。

经过国内外学者的不断研究，产教融合的含义已经变得非常清晰。产教融合这个概念包含两个主要部分：一个是产业，它代表着除了教育之外的所有国内经济专业的各部门；另一个是职业教育，即我们所说的"教"。两个部分的"融合"则意味着各种不同的元素互相吸收混合和整合，最终形成了新颖的一体化结构。这象征着一种紧密协作的关系。这种"融合"赋予了"产教"这个词语独特的含义。产教融合的基本内涵为产教一体化、校企合作互动化。

就"产"与"教"的关系而言，在对人力资源的供求分析中，主要表现为"需求""供给"这两种关系。产业是"需求"的一方，这种"需求"主要表现为对专门技术型人才的需求；高职院校（或教育机构）为"供给"的一方，主要表现为向产业提供专门的技术型人才。双方以"产"和"教"为纽带，相互促进，共同发展。产教融合的目的是培养具有一定技能的专业人才。产业的重点是制造一种以获得利润为目的的产品，而高职院校（或教育机构）则把重点放在了对人才的培养上，更注重的是社会效益。

常有人将校企合作与产教融合相等同，实际上，校企合作只是产教融合的一种表现形式，另外，还有产教一体等其他表现形式。换句话说，产教融合并不仅仅是企业与学校协作的一种简单的升级，它更倾向于是一种教育的角度，包含了教育和经济发展双重含义。校企合作的目标在于如何有效地培养学生，而产教融合则更注重办学的核心元素：主体、形态、体系及相应的规章制度。

（二）产教融合内容

高职院校和产业之间的紧密连接，能够使知识和技能从高职院校流向企业。这不仅确保了这些知识和技能能在企业的应用上产生效益，而且能显著提升企业的创造力，使其在商业竞赛中占据领先地位。随着经济全球化和知识全球化的推进，高职院校和企业出现紧密联合、协调发展的需求，且二者的协作也变得更加重要。此外，人力资本和创新被视为地区产业发展的重要驱动力。所以，高职院校应该与其所在地区的产业发展相结合，致力于教育的同步增长和产业的同步发展，以达到两者目标的一致性，使专业的匹配度和学校的毕业生供应与业界的人才需求之间达到均衡，并以此来满足区域经济发展对于人才的需要，进而促进经济繁荣和社会进步。

1. 高职院校与地方产业发展目标一致

作为高等教育的重要组成部分，高职院校承担了培育专业技术人员的责任，这有助于适应社会的劳动力市场需求并促进地区经济的增长。为了实现这一目标，我们就需要根据地区的产业发展策略来调整高职院校的教育教学模式，确保专业的设立符合现有的行业需求。另外，地方产业的发展是目前国家高度关注的一种经济发展力量，它能起到引导与驱动区域性经济发展的作用。所以，在推进高职院校发展的过程中，应该紧跟本地产业的发展趋势，注重新兴行业的课程建设及人才的培养，不仅要在传统的专业上提供足够的人才支持，而且要努力培养出高质量的技能型专门人才，从而使整个产业链得到平衡、高效的发展，进一步加速经济的发展。

2. 高职院校专业结构设置与地方产业发展需求相契合

地方产业的进步需要人力资源的支持，这不仅包括了对高级技能人才的需求，而且涵盖了对基础技能人才的需求。尤其是对于未来经济发展引擎的新兴产业来说，高新技术的研发与知识需求的满足均需要依赖高职院校的质量提升和高水平发展。所以，高职院校在设立专业和课程时，须紧密配合地方产业的发展架构，观察并分析未来的产业发展趋向，适时调整院校的研究焦点和专业配置，聘请相应的专业人士来教授理论和实际操作技巧，使学生能掌握行业需要的核心能力，快速响应并满足社会的就业需求。

3. 高职院校人才培养与地方产业发展人才需求相对接

人才与技术这两个因素，是推动产业进步的关键。若缺乏人才的支持，就难以推进产业的发展。高职院校是培养适合产业发展人才的主要机构，其培养的人才的素质，应能够满足地方产业发展的基本需求。具体来说，其培养的人才应包括以下几种：第一，技能型人才，他们应掌握相关的专业知识并拥有实践操作技巧，还需具备持续学习的潜力，具有能够跨越不同专业、文化环境的适应力；第二，创新型人才，相较于传统的产业发展模式，新兴产业需要更强的创新力量来驱动其增长，这意味着创新型人才应当拥有的不仅仅是创新理念，还需要拥有创新思考方式和创新行动力，以便应对产业升级的需求，迅速适应社会的变迁和潮流，始终紧随时代的步伐，为国家的经济和社会发展提供驱动力。

4. 高职院校的理论教学和产业实践教学相促进

相较于一般的高等教育来说，高职院校更重视实践技能的教育和培养。因此，在人才培养上，高职院校更加强调以实践技能融合理论知识的教学理念，进一步凸显了企业及高职院校的协作重要性。在协作过程中，须使两者之间各自的责任更加明晰，并确保双方能够履行到位。遵循全方位塑造专业型人才的原则，需要保证从校内至企业的完整链条能够顺利运作且没有空隙。即在校内的教育环节要强化学生对工作的适应性和学生专业技术能力的提高，与此同时要关注他们对于相关概念的理解程度，并在实习阶段要求他们在应用这些概念的过程中不断加深自己的认识，以达到知行合一的效果。另外，企业的代表也须全程参与课程设计，以便更好地掌握产教融合的流程，避免出现阻碍或混乱现象，从而让产教融合的实施更加顺畅①。

（三）产教融合特征

产教融合不仅是职业教育育人的本质体现，而且是职业教育变革及进步的关键因素。产教融合涵盖了理念引导、相关政策制定、文化和教学内容的整合、课程设计以及教师素质提高等诸多方面，因此有必要构建一套完整且标准的体系以确保其持续且健康地发展。对于政府部门来讲，产教融合是寻求经济发展增长点的重要工具；对于高等职业学校而言，产教融合是培育符合市场需求人才的主要方式；从企业的角度看，产教融合则是一种快速获得具备实际操作能力、技术专长和多功能性员工的途径，并可被视为一种人力资源储存库。产教融合的核心意义在于创建一个可以维持长期稳定发展的良好循环体系，从而使教育资源得到最优配置，把高等职业学校的潜能转变为促进经济增长的力量，最终达到办学效果的最优化。具体来说产教融合主要具有以下六个特征。

1. "三主体"

"三主体"性特征，即政策制定者（如当地行政部门）、企业及高职院校之间的互动关系构成了"产教整合模式"。各级别的管理机构应该负责对这一专业实施标准化过程进行指导并推动其发展，同时要监督整个过程以确保符合规定要求。作为产品的制造商和服务提供方的企业必须承担责任并对新技术的研发作出贡献，而高职院校则需要为社会输送具备职业素养的人才来满足需求——这两者的合作至关重要且无法替代。因此，各高职院校应当展现出强烈的主导意识，努力适应市场变化并在实际操作中紧密配合相关企业或组织的需求。

2. 跨界性

产教融合的教学理念与培养方式体现出明显的跨界特征。产教融合指的是生产与教育因素的结合，是一种具有教育性质的产业活动，也是具有产业性质的教育行为，是一种教育与产业相统一的整体。这离不开政府的推动和社会的参与。

3. 互利性

高职院校与企业的产教融合教学模式可以使两者共同分享资源，并达到各自利益的最优化。这正是推动高职院校与企业长期协作的主要驱动力和最终目

① 朱建. 大力推进企业界参与校企合作的动力机制 [J]. 中国电力教育，2008（4）：15-17.

的。此外，这种结合还展现出显著的社会公益特性，旨在提高教育水平和服务社会的最佳状态。因此，高职院校和企业应肩负起共育人才的责任。

4. 动态性

经济结构包括产业结构、就业结构、技术结构等要素。其中，产业结构的改进提升被视为经济策略性转变的关键点。教育结构则涉及各类别的划分、专业的设定、等级或者级别的确定等，其改动受到经济结构的影响，同时对经济结构产生影响以推动其实现持续发展。产业结构的调整会引发劳动力市场的变动，这种变动会进一步推进高职院校专业设置的变更。此外，高职院校内的学科建设也在不断演进、改造和调适过程中。所以，教育结构与产业结构的不匹配是一种普遍现象，二者的关系总是从不协调走向协调再度回到不协调的状态，呈现出一种动态性特征。

5. 知识性

推动经济增长并优化经济结构，依赖于科技进步和知识更新。如今，对知识的掌握已经不仅限于高职院校的专业讲授，而是被视作企业最主要的策略资产及增强竞争力的重要工具，因此它成为产教融合过程中的核心元素。实际上，产教融合的核心在于高职院校和企业之间的知识交流及价值的增加。教育的质量可以通过与企业融合得到提升，同时，企业借助教育来获取技术支持。这种相互渗透使知识、技能和人力等资源得以有效流通。

6. 层次性

三个层次共同构成了产教融合：首先，是国家或地区的经济发展策略及计划中的关于产业与教育的整合方案；其次，是在教育机构（包括高职院校）和产业专业（包含各行各业的企业）之间以"需求驱动"为基础的教育理念、制度安排和行动方式之间的协调一致；最后，是高职院校教学活动与企业制造流程间的无缝对接。

（四）产教融合重要意义

高职院校与地方产业融合发展是一种能够适应全球产业经济转型的新模式。特别是战略性新兴产业专业，为国家和地区社会经济增长提供了新的驱动力，有助于提升产业结构并转化创新能力，助力国家的经济繁荣。高职院校能够为当地产业提供人才及科技支持，两者相互依赖、互补共赢，高职院校与地方产业的紧密合作，有望共同推进国家和地区的经济社会发展进程。

1. 为地方产业发展提供专业型技能人才

高职院校凭借自身的学科特长和对社会的贡献，在推进产教融合的过程中，通过研究创新来培育适应社会发展的各类产业人才。在这个与产业共同进步的进程中，高职院校借助其完备的教育系统，实现了理论知识与实际操作的紧密结合，并有针对性地专攻特定专业的技能培养，特别是针对战略性新兴产业发展这一现代经济增长新驱动力，更是成为产业重要的支柱力量。因此，在基于地区产业结构变化的基础上，高职院校会通过科学规划的专业设立和课程设计，有效地满足地方产业对于高质量专门化实用人才的需求，进一步推动当地产业的健康发展。

2. 促使高职院校与社会发展需求快速对接

产教融合的理念在于利用高职院校的体系来培育满足产业发展需求的高品质人才，产教融合既是一种手段也是一种途径。党的二十大报告指出，统筹职业教育、高等教育、继续教育协同创新，推进职普融通、产教融合、科教融汇，优化职业教育类型定位。我国政府对现代职业教育的高度重视，也表明其积极支持新兴产业的发展。作为助力新兴产业发展的关键性工具，高职院校必须密切关注产学研之间的协作关系，明确了解产业发展的大致走向和潮流，适时地优化自身结构模式，配合地区性的新兴产业共同前进，从而有效助推新兴产业的壮大，形成新的经济发展引擎。

3. 有利于促进区域经济繁荣发展

高职院校注重社会效益，为社会发展提供人才，为社会服务。而企业则专注于以团队运作的方式来创造利润，从而推进地区经济的进步。这种融合使得人才能更好地适应企业的需要。高职院校会按照企业的需求设立相关课程，并且结合地方产业体系的特点去培育符合市场需要的专门人才，以此解决企业所面临的人员短缺问题，同时能提高企业的经营绩效，这对地方经济社会的健康持续增长起着不可忽视的作用[①]。

4. 实施人才供给侧结构改革重要措施

自诞生起，职业教育便与产业紧密相连，可以理解为，它本身就是产教融合的结果。然而，长久以来，我国职业教育发展中面临着一种冲突，即人才培育与产业需求的不协调，其中包括理论知识与实际操作、教育体系与产业专业

---

① 安海涛. 高职院校开展科研服务工作的路径方法研究［J］. 内蒙古教育（职教版），2015（3）：17-19.

之间的不协调现象，导致就业形势严峻。伴随着智能化生产技术的发展，当前中国的制造业正面临技能型劳动力短缺的问题。一方面，市场对于这类劳动者有强烈的需求；另一方面，却又出现高职院校招生困难、培养的人才无法满足市场需求的情况。为了缓解供需失衡的问题，政府推出了一系列针对人才供应端的改革措施。产教融合就是为适应新时代的新变化而从国家制度层面提出的政策，其既是体制机制的重新设计，也是整合资源的有效方式。

为了达到从职业教育大国转型为职业教育强国的目标，并进一步加快教育大国转向教育强国的进程，高职院校必须坚定地沿着产教融合的路径发展，持续推动职业教育与产业的紧密联系，同时积极寻求与企业的合作机会。只有这样，才能真正激活产业的内部动力和持久的生命力，从而推动高质量发展的实现，构建现代化的经济结构和产业发展模式，加速新旧动能的转化。

二、职业教育与高职院校

(一)职业教育

1. 职业教育概念

当前国内已经出版了许多关于职业教育的图书和各类专业的"词典"，但对于职业教育的理解却并没有达成统一。国际上则存在着接近一百个不同的有关职业教育的定义。以下是一些广为流传的职业教育定义。

《国际教育词典》的定义是：职业教育是指在学校内或学校外为提高职业熟练程度而进行的全部活动，它包括学徒培训、校内指导、课程培训、现场培训和全员再培训。当今则包括职业定向、特殊技能培训和就业安置等内容。

联合国教科文组织在《国际教育标准分类法》中定义：职业教育是为引导学生掌握在某一特定的职业或行业或某类职业中从业所需的实用技能、专门知识和认识而设计的教育。其学习技能、从事职业的目的明确。

《教育大辞典》将其定义为：传授某种职业或生产劳动知识和技能的教育，含义有两个，一是仅指培养技术工人类的职业技能教育，二是泛指为谋取或保持职业而准备、养成或增进从业者的知识、技能、态度的教育和训练，其对象不仅包括技能性的，还包括技术性的，与职业技术教育同义。

《中华人民共和国职业教育法》规定：职业教育是国家教育事业的重要组成部分，是促进经济、社会发展和劳动就业的重要途径。它指明职业教育在国家教育体系中的地位，并表明职业教育为经济、为社会、为个人服务的目的。

职业教育是一种专注于提高个人职业素养的教育模式，它的特点在于强烈的职业导向性和具有专门化的教学内容，如职业知识、技巧及态度等。这是基于培养目标来定义职业教育的基本含义，也即广泛意义上的职业教育观念。对于职业教育的认识需要明确几个方面：首先，职业教育与各类职业和社会经济发展密切联系，旨在向学生提供特定的职业或者职业群体所需的专业知识和技术，是以训练技能为主导的职业人才教育；其次，职业教育涵盖了符合特定职业职位需要的常规教育、实际操作能力的训练以及相关的理论研究，特别重视实操能力训练；最后，职业教育受到终身学习的思想影响，包含了职业学校的教育和企业的在职实训，因此，职业教育工作者必须持续地学习并参与职业实训，以便能够跟上社会的变革。

2. 职业教育特征

职业教育的主要目的是培养能够应用所学知识和技术，并具备一定文化素质与专门技能的劳动者。相较于普通教育以及成人教育，它更注重实践技巧和实际操作能力的提升。具体来说，这种教育方式有如下显著特征。

第一，职业性。这种类型的教育旨在向各个行业的前线提供初级和高级的技术与技能型的劳动力。它的重点在于职业技能的学习，目的是让接受过实训的人能在社会中成功找到工作。具体来说，首先，人才培养目标具有职业性。职业教育的主要任务是培育相应的人才以满足数百个岗位的需求。学校办学以职业或者职业群体作为主要对象，专门根据这些职位对人的需求来培养他们，并且把培养特定职务、职业或是职业人群需要的能力当作自身的核心使命。其次，学校办学具有职业性。每所学校都有自己的办学特色，这反映出它们各自对于学生的职业方向的选择。由于每所学校都有着独特的人才培养目标，聚焦不同的专业，因此会培养出选择不同职业的学生。最后，专业具有职业性。学生从入学开始就确定了自己想要学习的学科，也基本上决定了自己未来的职业道路。高职院校无论是在学科设立、课程设计，还是在教师队伍、教材及教学策略等方面，都会突出职业特征、地区特色，强调学生职业能力的提升。

第二，实践性。实践性是指职业教育院校让学生置身于真实的职场情境参与实践性的实训与实地演练等活动。实践是校园教育任务的重要构成元素之一。首先，从教学角度层面来看，常规的教育及非高职院校教育主要关注一般文化和理论知识的学习，并结合课堂授课。职业教育则有所区别，它不但需要学生理解必要的科学文化理论知识，而且特别注重对学生的实际操作能力的培养。实践型教学在职业学校的教育过程中占据着关键位置，不可或缺。其次，从技能层面来看，职业教育重点在于技术技能的传授，基本目标在于确保学生能熟练掌握相关专业的技能。除了一般理论文化学科外，学校还需要给学生提供更多的时间用于校外实践和练习，让他们更好地适应社会的实际情况。通过在实际生活中大量具体的实战锻炼，学生可以学到各种不同职业和职位所需的专业技能。最后，从人才培养的层面来说，对于专业的设立而言，企业也应该积极地参与其中。为了更好地满足企业的需求和学生的就业，职业学校成立了行业专家和社会人士代表组成的教育咨询小组，负责收集各行各业的需求信息，特别是本地企业的用人要求，以此明确毕业生未来工作的职责范围及具体的操作流程。同时根据这些数据制定详细的人才实训标准，从而确立需要开设的新课程。从教育内容的角度出发，高职院校的目标是确保其符合"现实、有用且有效果"，邀请那些具有丰富实战工作经验并在相关职位任职多年的精英承担一部分授课任务，使得课堂上的知识传输能够紧密结合实际情况。关于教师的选择方面，需要构建一支具备"两手抓"能力的教师团队——既要有专门的任课教师，也要有一批能胜任这一职务的外部讲师（特别是在涉及职业技术训练的课程），这样一来可以让学生更深入了解职场情况。对于实习场地的选择，学校应挑选一批拥有强大经济基础并且条件优越的企业作为合作伙伴，以便提供给学生真实的现场模拟练习机会。

第三，经济性。经济性是指职业教育作为产业化、社会化及现代化的核心支持力量，能推动但也受限于中国的经济增长和社会变革。具体来说，一方面，职业教育的成长受到社会经济状况的影响；另一方面，职业教育也须满足社会经济的需求，以提升社会生产的效率。唯有如此，才能保证职业教育的持久活力。同样地，社会经济的繁荣，也能为职业教育提供稳固的基础设施和发展条件。

观察我国职业教育的历史发展轨迹可以发现，在 20 世纪 50 年代初期、60 年代的中期以及 80 年代的中后期，职业教育都展现出迅速、稳定且协同的发展趋势。这些时间段的社会经济发展也是连续、稳定且均衡的。此外，在这三段时间内，职业教育分别在我国的工业专业（20 世纪 50 年代中专院校）、农业专业（60 年代中期农村职业院校）、第三产业（80 年代中期之后的职业高中）的重点发展方面作出了重要贡献。由此可见，职业教育的发展节奏与国家的经济走势紧密关联，它们之间存在着密不可分的关系。

其一，职业教育对于国家经济有着较强的推进作用。一旦人类的智慧和技艺替代机械并成为推动生产力的关键要素，如果缺乏相关的知识和技能，那么即使资源充裕或设施完备，生产力也不太可能会大幅度提升。所以，对于经济发展来说，人才是至关重要的，特别是那些不仅拥有深厚的理论基础，而且精通各种技能的人才。而这些人才主要是通过职业教育被培养出来的。在低附加值产品生产阶段，多是劳动密集型产业，此时初等教育尚未完全普及，社会整体教育质量较差，社会、家庭对高等教育的期望值很高，知识和技能的传承主要依靠传统的学徒制度。随着产品的制造进入工业化时期之后，大量资本积累和新兴技术行业出现，整个社会的制造业普遍兴旺起来，以满足大规模生产的需求。于是，为了培养出熟练的技术人才，职业学校从原本的教育体系中分离出去，专注于职业教育的发展，并且得到了迅速扩张。与此同时，各大工厂也逐渐认识到员工实训的重要性，将其视为提升员工技能的基本手段。再往后，高级化学制品及高新科技行业的崛起使知识密集型产业成了主导力量，职业教育则朝着高新领域拓展，展现了高端的特点。此外，几乎所有企业都在积极地开展全面的员工训练计划，并对员工实训实施专业的管理。

其二，职业教育和实训与国家成长紧密相关。对于职业教育的形态及内容来说，发展中国家的职业教育呈现多样化的趋势，其教学内容相对专一而单调。相较之下，发达国家则显示出了混合型的职业教育特征，教学内容逐渐走向全面融合。职业学校的目标是努力构建更紧密的校企关系，并借助企业的支持，给学生创造更多实际操作的机会。越来越多的大型企业开始设立自己的实训机构，持续调整课程设置和授课方法，以便满足各行业对高技能劳动力的需求。总而言之，传授基本的专业理论知识，提升学生的多项综合素质已经成为发达国家开展职业教育的主要任务。

第四，终身性。终身性指的是职业教育的持续性和动态性，它与国家社会经济的增长及变革密切相关，旨在让每个人都能享受到职业教育的机会，并在整个生命周期中不断学习。职业教育伴随着每个个体的一生。首先，职业教育是一个不断演进且向前的过程。它的发展受到经济成长和技术创新的影响，全球范围内并没有静止不动的职业教育，而是始终处于变动之中并且不断提高自身的品质。从宏观角度来看，当前中国正面对来自世界的经济科技高速发展带来的国家实力急需大幅度提升的挑战。我们必须对产业结构进行调整和优化，重点发展农业，加速推进工业和基础设施建设，促进服务业的繁荣。在这个背景之下，新企业或者新兴经济体会大量涌现，同时会有一些过时老旧的企业被淘汰出局。概括而言，企业数目将会持续增加且职业的划分也将变得更细致化，这引发了对大量新兴职位的需求并逐渐淘汰了一些老旧的岗位。某些岗位可能需重新配置或转型，而众多职员也需要更换岗位或者跨行跳槽至其他行业。

为适应这些变革需求，未来的中国职场训练必得经历改良之路：一方面，各类院校应积极推进全方位的创新与进步，紧密跟随全球性就业趋势来推广现代化技术型教学模式，以便向各专业提供更多的高级技工人员。另一方面，企业也须高度重视在职人员的继续学习，增强管理力度并且扩大投资规模，实施有针对性和有效的工作人员再培训计划，以此进一步强化他们的业务水平。此外，我们应该认识到"职业"教育的本质就是一种终身学习的理念。具体说来，职业教育的目标是在各个层面都能够充分挖掘出教育潜力，从而实现不同层次间的融会贯通效果（包括小学和中学阶段）并在高等院校里适度推动一些复合型的课程设置方案。与此同时，鼓励高职院校采取一定措施接纳中级专业技术学校的毕业学生深造，同样可以反过来让那些有志从事初级工作的高职院校生，有机会选择接受一段时间中等专业系统知识的学习后再次回到他们所热爱的本科学业上来完成学业任务等，这一系列举措旨在促进整个国家内多元化的教育教学体系的发展建设进程。从社会发展方面来看，未来职业教育会成为大范围的教育体系。具体到学校的职业技术教学中，应根据不同的需求类型（如各行各业）实行全面化的训练方式，让学生在校期间自主挑选课程，建立多元且智能化的人才架构，从而提升他们在求职时的竞争力与可选择余地。高层次的职业院校对学生的培养则需要朝着全方位及高度专业的道路迈进，扩大人才培养的范畴，且要培养多功能的专业人士以满足经济发展、科技变革所带来的高端技工人员的需求。至于企业内部的人员实训方面，随着职场角色的转变加速及其所需技巧的新颖度提高，企业的工作人员需得到更多的关注并使他们在岗位上获得更多的学习机会。可以借鉴其他国家的先进经验，如日企的方法，他们采用全局式、长期式的个性定制方案作为职工教育的核心内容，涵盖了工作相关的各种理论常识、实际操作能力等多个层面，以此协助劳动者应对新旧交替中的挑战，并在对引入的高端设备做出有效利用或改良升级等一系列举措中都起到了积极的作用。这些实践表明：为了顺应当今市场的发展趋势而采取相应的措施，加强在职员身上投资已成为当下的必要之举。

概括来说，当前的职业实训已逐渐由"终结性"转变为"持续终身"，不再仅仅关注解决工作岗位的需求，而是更注重培养创新能力。同时，其核心内容从职业准备教育扩展到职业生涯全生命周期教育。如今，职业教育越来越被视为推动整体经济增长的关键因素，同时是人们追求自我发展的关键工具及实现个人价值观的主要路径。

（二）高职院校

1. 高职院校概念

高职院校是一种以教导与实操相结合的方式，来培养具有扎实的专业技术能力且掌握丰富理论基础的人才的教育平台，它能高效适应企业的需要并服务于社会的进阶及经济的发展[①]。在多年的发展中，高职院校逐渐成为包含三个层次（包括专科职业教育、本科职业教育、研究生职业教育）的现代职业教育体系，各高职院校通过具有本校特色的人才培养模式为社会发展输送更多更好的人才，为社会发展作出了巨大的贡献，极大地推动了产业结构优化调整和经济社会发展。

2. 高职院校特征

我国的高职院校是高教体系的一个重要组成部分，它有力地丰富了当代高等教育的内涵，拓展了其发展途径，对于推动我国的经济增长、社会的持续前进起到了积极的促进作用。党和政府非常重视高等职业教育事业的建设工作，并且把发展高等职业教育当作重要的政策措施。深入探讨高职院校中技术类专业的长远规划及其未来走向问题，不仅可以更深刻理解该专业的价值所在，而且有助于进一步激发其实现自身的社会责任感和使命感。其特征主要表现为以下几个方面。

第一，培养目标的职业定向性。高职院校的核心任务是为特定专业培养有针对性的人才。旨在使学生能够根据他们所从事的工作或者职位需求，来提升他们的能力和技巧。因此，当他们获得技术训练的同时学习掌握相关的概念与原理，不仅能让他们更深入地了解自己的专长所在，而且能更好地满足工作的

---

① 马江斌. 高职技能型人才培养研究：基于湖南战略性新兴产业［D］. 长沙：湖南师范大学，2012.

要求，及适应其职责范围内的各项工作内容①。

第二，教育教学的实践性。传统的高职院校教育体系主要关注理论知识的学习，近年来高职教育在此基础上对其课程设置、教学流程及方法等方面作了改革，强调了实践的重要性。高职院校的教育以满足工作需求为导向，通过实操训练使学生更好地从院校学习中掌握实践与动手技能，学生不仅能理解基础知识的原理，而且能精通技术的运用，这使得理论能够有效地指导实践。

第三，"双师型"的教师队伍。"双师型"的核心内容是：在教学过程中，教师不仅要对学生进行理论教学，使其能够顺利地完成专业基础课的学习，而且要对学生进行实践技能的指导，培养学生在工作中所需的工作技巧。高职院校教师要具有"双师型"的素质，这是从高职教育本身的特点出发的。

第四，办学形式开放。高职院校就是为了满足社会的需要而设立的，因此其开放性的特性是非常明显的。这种类型的教育方式已经经历了一系列关键的变化，包括：由传统的正规教育转向了正式和非正式教育相结合的方式；由单纯的前期实训转变成了前期、后期并重的教学策略等，并且逐渐朝着产业与教育深度融合的趋势演变。

第五，毕业生的"双证型"。高职院校的学生在完成学业后不仅能获得相应的学位证明，而且能获取与之相关的职业资质认证。这意味着他们在掌握所需学科理论的同时，熟练掌握了实际操作技术及工作技巧。这种类型的高职院校生能够有效地满足学校的教学目标和企业的招聘标准，从而成为具有高水平实践能力的专业人才。

第六，专业设置灵活。高职院校的核心目标是满足社会的就业需求，因此其在设定专业时具备高度的灵活性，须密切跟踪市场的发展动态，并依据社会对各种技能人才的需求，来调整相关的专业架构，从而向社会提供所需的各专业专门型人才。因此，高职院校在确定专业方向的时候，会全面考虑市场的需求，以职业要求作为基础，建立特定的专业和教学内容，以符合社会及行业结构的变化需求。

第七，服务面向的区域性。高职院校的目标是满足经济增长与社会进步的需求。因此，在进行人才培养的过程中会全面考虑地区的发展特性，针对当地

---

① 岳爱臣，李怀伦，唐洪森. 论高等职业教育与产业布局发展契合度：以泉州信息工程学院深度融合地方产业为例［J］. 职教论坛，2019（1）：118-121.

的生产力和经济社会环境制定关键策略，并依据该地的自然资源、工业布局、人力资源及对外政策等实际情况来确定所需要的技能种类。这样可以使高职院校与企业的联系更加紧密，构建适应社会需求的专业能力和层级体系①。

第八，课程设置的务实性。从根本上讲，专业和课程的设置都是建立在社会需要之上的，因此，在高职教学中，课程的构建也是一个重要的环节，要在对学生的职业技能进行开发的同时，提高他们的工作素养，实现"无缝衔接"、"合理选择"和"高效有序"。在上述原则的指导下，高职院校应使课程的设置更加专业化，具有较强的针对性和实用性。

三、高职会计专业

高职会计专业，是指高职院校会计专业、职业教育的会计专业，属于职业教育专业范畴，其培养的是会计专业人才。专业人才一般是指具有某一特定专业的专业知识和技术，能够胜任某一特定工作的人。高职院校会计专业毕业生，即是具备相关会计工作经验并熟练掌握一定会计知识和技术的专业人士。高等职业学校的会计专业毕业生必须符合区域经济发展的要求和经济相关部门对人员素质的规范和要求。

高职会计专业是与会计知识普通教育不同的另一类教育。这种教育形式主要针对的是预备工作或在职的职业实训，旨在培养具备高度政治素养、优良职业操守、深厚理论基础及卓越实践技能的人才，他们应拥有开创性和创新思维。作为一名专业的会计工作者，会计教育的核心任务就是满足岗位的需求。随着经济发展，相关的法律法规、规范条例会日益完备，新的管理理念和会计处理方式也会被广泛运用，而会计工作的就业要求也会持续调整。因此，高职院校的会计专业教育本质上是一项终身的岗位训练。

---

① 王中，胡六星. 职业教育集团对区域经济增长贡献的系统动力学分析 [J]. 中国职业技术教育，2016（33）：44-48.

❯❯ 第二节　相关理论

一、福斯特产学合作理论

福斯特是一位来自美国芝加哥高职院校的教师，他在全球职业教育理论专业中具有极高的影响力。他因撰文《发展规划中的职业学校谬误》而成名。这篇作品引起了持续二十余年的激烈争论，并产生了深远的影响，其中的一些观念已成为当前全球职业教育的核心理念，也被世界银行用作制定各国职业教育策略的政策性文件的核心资料。

"非正规"的职场实训被福斯特理论视为关键，其重点是基于企业的职业技能提升，他反对所谓"技术浪费"。此种形式的职业教育——岗位实训，是一种针对劳动力市场需求、以"企业为中心"的短时实训方式。它具有一定的优势，如能提供更多的求职选择及广阔的前景等。而对于学校所培养的人才，福斯特认为存在着大量的"技术浪费"现象，主要指部分学校的毕业者尽管具备符合标准的技艺，却难以找到相应工作或因过于精湛的技术导致失业等，这些问题严重影响了职业教育的品质。经过深入研究，福斯特得出结论："非正规"的教育机构应当成为专业技术实训的主要场所，尤其是与传统职校相比，学徒制的实际效果更为显著。应该支持企业自行开展实训项目，因为企业对于产品的具体标准和需求有着更加深刻的理解。还须依据市场对技术的需要制定相应的策略，包括确定受益方作为投资者等。此外，小规模的企业可以利用成人的职业教育模式，通过短暂的学习获得职业实训的机会。

福斯特强调了"非正式"职场实训的重要性，并提倡采用"产学合作"的教育模式。他还主张对现有的职业技术院校进行三个方面的改进，以让职业实训的形式更为多样化。具体包括：第一方面，限制高职院校的发展规模，确保它们能够适应地区经济发展需求；第二方面，调整教学内容，引入"三明治式"混合学习方式（理论知识+实习经验）及实用性的短时实训项目，同时尽可能让实践操作环节在学校之外的企业环境中完成，从而减少正规学校的职业教育与现实工作的差距；第三方面，转变招生策略，优先考虑吸收有工作经验的人员，并且大部分学费由企业承担。总而言之，福斯特坚信，基于企业的职业教育和产教融合的教育模式要比传统的学校导向型职业教育更具优势，因此职业实训应该转向产教融合的方式。

二、赫尔曼·施奈德合作教育思想

赫尔曼·施奈德创建的第一个合作教育计划就是一种工学交替的模式。施奈德所创立的此种教育模式迄今为止依然是最常见的全球各高职院校企业联合办学的方法之一，并得到了普及推广。它的重要特点在于把理论知识的学习融入到工作中去，实现真正的应用价值，这就是"以劳动促进学习"理念的一种体现方式。这种理念在世界各地学校中边读书边工作的方法虽然具体的做法有所不同，但是核心思想是一致的，并且被誉为协作式教育教学中的典范之作。

这一理论强调，教育的目标不仅仅是和社会生产相互融合，还需要紧密地融入日常生活中。这正是教育发展趋势所决定的，把教育与生产劳动结合起来的关键在于满足学生的真实需要。实现教育与生产劳动相结合的主要目的，是让学生更好地为职业生涯和生活学习做足准备，让他们能够顺畅地步入职场，成功从学校过渡到工作环境，并在工作中创造出价值。

三、杜威"从做中学"

美国著名的哲学家、教育家杜威提倡"从做中学"。他坚信，要彻底改变教育与现实脱节的现象，关键在于整合教育系统和社会体系，这样才有可能真正提升教育的实效性。他强调应加强教育与社会的互动关系，并倡导学生通过实际行动和亲身经历去获取知识，同时呼吁用更具体验性质的活动代替传统的教材式的教学方式。

（一）经验：一种相互作用

"经验"是杜威教育哲学的主要观点。他认为这个词包含了人类的主观方面，如感情、意愿等方面的因素，也包含了事物的客观方面，是两者的统一整体。人与环境之间的互动关系被定义为"经验"。其一，实践活动占据了思想的核心位置，认识行为本身构成了实践的一部分。其二，人们的行为受到思维的影响，而知识也是形成行为的基础。由于理解和执行之间存在紧密联系，因此杜威主张通过实际行动学习，并强调以实际体验作为获取知识的方式。

从杜威的理论来说，传统的经验理论看待经验过于狭隘，其主要问题在于忽略了经验自身蕴含的多样性。他认为，经验和历史生活是同等重要的概念，两者之间存在密切联系。杜威在《经验与教育》中指出：全部教育都离不开经验。教育是在经验中，由于经验、为着经验的一种发展过程。

杜威还强调经验的能动性和连续性。他说：科学存在的本身就足以证明：经验是这样一类发生的事情，它深入于自然而且通过后者而无限地扩张。这意味着经验是一个持续演进的过程，不断地扩大，从当前延伸至未来，对现有的事物进行改良，因此，经验展现出主动性和创新力。

（二）知行合一论

为了进行研究探索，杜威提出了"知行合一"的教育理念。他认为，在具体操作的过程中，在个体与外部环境之间的互动中，需要同时具备认识周边事物的能力并对事物作出相应反馈的能力，因此，理解与行动是不能被明确区分的。知识并非独立存在且自给自足的东西，而是包罗在用以维持和发展生活的方法里面的。

对于"知行合一"的教育理念，杜威强调在不断变化的社会环境下，继续使用传统的教学方法，教授固定的知识是没有实际价值的。他提倡人们应该根据个人经历和发展规律来运用智力、采用科学的研究方式，通过积极思考获取动态的知识，从而实现知与行的统一，以适应社会的多样化需求。这种观念相较于以往单纯传授固有知识的方式具有更高的创新性和实用性。基于这一观点所形成的"发现法"至今仍然有效地影响着人们的行为实践。

四、赫尔曼·哈肯协同理论

协同理论又叫"协同学"，是 20 世纪 70 年代联邦德国物理学家赫尔曼·哈肯所提出的系统科学。赫尔曼·哈肯以系统论为基础，以研究一般规律为核心，提出了系统理论，其核心思想是：把研究对象视为一个由多个子系统组成的复杂、开放的系统，各个子系统之间在能量、物质、信息等方面存在着交互作用；它们互相制约，互相配合，促使一个复杂体系从无序走向有序，从而构成新的结构。经过进一步的发展，协同理论已经不再局限在物理专业内，而是开始向其他诸如生物学、医学及社会行为学等多专业方向拓展，从而成为新兴交叉型科技的一部分。

在高职院校对于高级会计岗位人员培养过程中，人才培养是不断变化而且充满活力的。这是一种既具备对外部世界的敞开程度又拥有明确导向性质的存在形式，它在运行过程当中也会因为内部条件跟外部条件的双重压力的影响发生转变。因此，在探索高职会计人才培养路径研究时，引入协同理论来分析具体问题具有一定的必要性。

》》 第三节　产教融合政策演进及相关政策分析

一、产教融合政策演进

新中国成立以来，我国经历了长达数十年的产业和教育融合政策的发展历程。根据职业教育产教融合政策发布的关键时期，我们可以按时间划分的方法来研究其在历史进程中所经历的"量的变化"及"质的变化"。著者对全国范围内的职业教育产教融合政策进行了详尽的研究、归类和总结，将其发展的趋势划分为如下三个阶段。

（一）初步探索阶段（1952—1977 年）

新中国刚刚成立，社会经济尚未完全复苏，国家各项建设工作亟须展开，因此，这个时期的教育发展和社会生产的进步需要优先考虑国家建设的因素。相关政策主要涵盖了几个方面：首先，规定学校应与工厂等相关机构建立紧密联系并共同开展教学活动，这标志着校企联合办学的初步形成；其次，强调了教育与实际工作结合这一理念，引导教育事业向产业发展方向前进；最后，推行了一种新型的学习模式——半工半读，旨在把学习和工作有机地结合在一起。

初期的政策主要体现在理念、教学导向及教育体制方面，这为我国未来制定产教融合政策奠定了理论基石。但在这一阶段，并未单独推出针对性的产教融合政策，而是将其融入其他的政策之中。此外，虽然政策在初期对职业教育的产教融合进行了尝试，但过程并非一蹴而就，许多学校受限于当时的实际状况，难以实施教育实践，导致教育与生产劳动结合的原则受到了影响。由于这一阶段我国的教育长时间处于无序或非正常的状态，进一步加剧了教育与生产劳动之间的脱节现象，因此，产教融合政策的发展也被迫暂停下来。

（二）成长阶段（1978—2012 年）

在我国全面深化改革的大幕拉开、经济发展迅速提升的环境之下，我国的职校体系得到了重新构建与复兴的机会。在此过程中，政府通过发布一系列文件，如1991年发布的《国务院关于大力发展职业技术教育的决定》等，推动、促进并深入联结了产业、学校之间的合作关系，从而激发了其潜力；同时明确指出应由哪些机构或个人作为主要角色积极投入这一专业的工作之中。国家对产教融合参与主体作出了如下指示。

为了提升自我持续进步的能力，高职院校应充分运用贷款来推动校办产业的繁荣发展；同时须强化实训基地的构建；根据社会的实际情况制定合理的课程设计方案，加强对实践教学内容的投入，进一步提高职业技能的训练力度，从而深度介入学校的教育教学、行政管理工作及基础设施建设中去；对于专业的技术教师实施双职级体系，包括设置教师等级与专业技术级别；鼓励教师前往企业进行实地考察和经验积累，设立专门针对教师的再教育深造和工作岗位实践机制；推广灵活的学习模式，例如采用学分制等；执行"订单式"的人才培养计划。

企业需要主动满足高职院校所需的教育设施及场地需求；应承担起接纳院校师生实训任务的责任，设立专门的学生训练机制以保证其顺利实施；通过信息技术的方式把企业的制造进程展示到教学课程中；增强同高职院校之间的协作关系，向他们输送优质的专业讲师资源；企业要协助高职院校制订他们的职教计划；创建一种融合实际操作技能的学习模式，来提升员工教育的效率；鼓励各界成立院校或开办相关机构从事在职人员继续学习的工作；定期召开评价会议并且不断优化这个系统，以便更好地保障人才培育水平达到预期目标。

各地的行政部门应建立地方性法规，以确定政府、各行各业及企业等相关方的法定义务和权益；采用减税优惠和利率较低的借贷方式，来推动高职院校及其附属机构的发展；大力推广并且激励合作教学模式；鼓励各类行业和企业主动投入到教材撰写中，深度介入教学活动的各个阶段，预估人才的需求趋势，引领职业教育的方向，紧跟行业的真实需求。

在这个时期，如产教融合、工学结合、校企合作等特定的词汇首次出现在政府文件里；教育机构和工业专业开始了共同的教育实践，形成了一种由多个实体及多种势力参与的产教融合模式；产教融合的重要性通过法律途径得到了确认；由此产生了诸如工学结合、定制实训等多样的科学化的产教融合理念，产教融合政策在此期间取得了显著进步并不断壮大，然而这个阶段并未发布任何针对性的产教融合政策，而是体现在其他的政策之中。

（三）深化阶段（2013 年至今）

2013 年以来，我国已进入新的时代。在这个时期，党和政府从全新的角度出发，运用策略性的思维和全球化的视角把握住发展的机会并全面深入地研究了产教育融合的问题，颁发了如 2017 年的《国务院办公厅关于深化产教融合的若干意见》等一系列代表性政策，明确要求各参与主体在产教融合过程中精准发力。

双师型人才的培养是高职院校的重要任务之一，需要构建专门的教育和训练机构来实现这一目标；发展并创新如"双元制"、学徒制等灵活多样的学习方式，完善校企合作、工学结合的人才培养体系①；加强对毕业生就业保障机制的研究力度，包括制定更全面的学生实习险政策等措施，都应被重视起来；为企业的需求量身定制相关教材内容及相关专家资源的支持服务；完善产教融合的专业学位研究生培养模式②；建设融合产业文化的校园文化③，积极助力产教融合。企业要充分发挥主体重要作用，将参与职业教育的情况纳入企业社会责任报告④；共同建设产品研发中心⑤；共同招生与培养⑥；建立企校双师联合培养制度⑦；共同开展互联网信息化建设，积极助力产教融合。

在这个时期，"产教融合"和"产教融合型企业"这样的特定词汇首次出现在相关政策文件中，并且我国首份针对职业教育的产教融合专项政策文件也在 2017 年发布，这是一种历史性的突破。随着政府部门、产业企业及职业学校等多方力量的支持，我国的职业教育产教的融合能力得到了提升，范围得到扩大，并初具规模地建立了一种能够分享资源、互相补充并在等级上有序推动的格局。

---

① ③ ⑥ 教育部　发展改革委　财政部　人力资源社会保障部　农业部　国务院扶贫办关于印发《现代职业教育体系建设规划（2014—2020 年）》的通知[EB/OL].（2014-06-16）[2023-08-15].http://www.gov.cn/gongbao/content/2014/content_2765487.htm.

② 教育部，国家发展改革委，工业和信息化部，等. 中共中央办公厅、国务院办公厅印发《加快推进教育现代化实施方案（2018—2022 年）》[J]. 中华人民共和国教育部公报，2019（Z1）：6-8.

④ 新华社. 教育部等六部门关于印发《职业学校校企合作促进办法》的通知[J]. 中华人民共和国教育部公报，2018（Z1）：70-74.

⑤ 国务院. 国务院关于加快发展现代职业教育的决定[J]. 职业技术，2014（8）：7-11.

⑦ 人社部财政部印发《关于全面推行企业新型学徒制的意见》[J]. 职业，2019（2）：4.

二、产教融合相关政策分析

（一）产教融合政策演进特点

1. 政策文本属性特点

（1）政策发文主体从高层次向低层次倾斜

著者对我国职业教育产教融合文件按照时间顺序进行了整理，共整理出55 份产教融合政策文本。例如，新中国成立之初，中共中央、政务院（现国务院）及教育部就开始聚焦于如何实现教育与生产实践相协调的问题。改革开放时期，国家逐渐认识到了产教融合的重要性，并且国家领导及政府部门都持续对此予以关注。同时国务院在逐步优化职责的过程中，负责制定产教融合政策的主体角色也在发生变化。如今，随着时代的发展，市场对于技术技能类人才的需求已不再局限于其规模或素质，而是更加注重种类多样化。因此，各层面都在大力推动产教融合，并积极研究进一步推进产教深度融合的具体策略。

（2）政策发文部门从单独发文到多部门联合发文

著者对政策发文部门参与情况进行了统计，具体分析如下。首先，当前我国的职业教育产业与教育的融合政策大多是由教育部独立发布的，联合发布的政策数量相对较少，这反映出我国目前的产教融合政策发布机构较为集中。其次，联合发布部门每年都在增长，说明越来越多的政府部门加入了联合发布行列，各部门在制定产教融合政策时协作程度也在逐步提高。最后，我们注意到，我国在制定政策的过程中，愈加重视各部委间的协调配合，期望通过汇集各个部门的力量来进一步推进产教融合的发展[①]。

（3）政策发文数量从极少到比较丰富

观察政策文件发布的频率变化可知：1952—1977 年，我国的职业教育与产业融合的相关政策发布量较少，主要原因是我国初期的首要任务是以国家的建设为主导，因此微观层面如产教融合等问题的处理并未被纳入议事日程中。这种情况在 1978 年后发生了转变，此后十年间，相关政策的发布逐渐增加并呈现出较为集中的态势，这也反映出在我国职业教育进步的背景下，产教融合相关的政策也在同步推进并且得到了各级政府的高度关切。截至 2013 年，该类政策文件的发布量依然保持着稳步提升的状态，每年的新增数量约为 3.5

---

① 王坤，沈娟，高臣. 产教融合政策协同性评价研究（2013—2020）［J］. 教育发展研究，2020，40（17）：66-75.

份，而在 2019 年这一数字达到了历史最高水平，超过了 10 个。这显示出我国产教融合政策正在经历一次"爆发式"的增长期，意味着各级政府对此项工作高度看重，也是一种信号，暗示需要进一步推动全局性的产教融合工作。总而言之，可以看到，我国职业教育专业的产教融合政策发布量的总体情况是从稀缺逐步走向丰富的过程。

2. 政策文本内容特点

（1）政策理念从结合到融合

1952—1977 年，是我国社会主义建设初期，各项事业都需要全面恢复和新建，因此产业发展和教育的进步需要优先考虑国家建设的需求。在这个时期，我国积极改革了传统的教育体系，推动高职教育的发展，并开始了对产教融合策略的初级实践，提出教育与生产活动相结合的观念。这个阶段，企业由学校创办或合办的情况逐渐增多，但这个阶段的产教融合政策仅局限于教育与生产的联合。

20 世纪 80 年代以来，随着我国实行全面改革和对外开放政策，经济发展被视为首要任务。为了推动这一任务发展，国家急需大量具备专业技术知识的人才。在此大环境下，我国积极推动职业教育的进步，不仅将其从单纯的生产劳动专业扩展到与行业紧密联系的程度，而且强调"产教融合""工学一体"等概念。这使得职业教育逐渐融入社会的经济发展之中，学校创办的企业也得到了快速发展，这种教育与产业发展相互促进的关系逐步形成并得以实践。然而，部分职业学校并未完全理解这个观念的重要性，他们过于注重企业的经营管理，忽视了教育的本质，从而陷入了只重视企业运营而不顾及学生教育的困境。

进入 21 世纪后，科技创新飞速进步推动着产业构造的优化及提升，政府逐步推出相关政策以深化产教一体化的观念，并积极推行学校与企业的协作，实践工作学习一体化策略，从而构建起多元的共同办学的模式，实现了产教合一的部分成果。然而，部分高职院校对于其发展方向并未有明确的认识，过于重视学科特性而忽视其他因素，导致过度追求等级上升，同时由于企业参与度不足，造成教育资源与工业资源未能实现有效的整合，进而影响产教之间的深入结合。党的十八大之后，我国进入了创新驱动的经济发展新阶段，现代职业教育的重要性也被提高至新的高度，现有的产教结合已经不能满足社会的经济发展需求，因此产教融合的概念已被视为新时代发展职业教育的重要主导思想。基于此，国家和地方发布了相应的指导文件和计划，大力促进产教间的深层次融合，为我国的职业教育提供了全方位的战略布局和设计，包括创建能体现产教融合的城市和企业，使产教融合的范围持续扩展，产教融合的形式更加多样化，基本上建立了产教协调融合发展的框架。

（2）政策功能从单一到多功能辩证统一

1949—1977 年，计划经济体制为主导。在此背景与条件下，学校办工厂、工厂办学校、合作办学、半工半读的开展都是由国家统一计划决定的。1978—2012 年，我国发展战略开始转移，市场经济得到初步发展。在此背景下，明确提出我国职业教育要与社会经济发展紧密结合，开始强调职业教育的经济功能。1991—1999 年，我国开始建立社会主义市场经济体制，此时我国职业教育通过发展校办产业、实行校企结合等走向了产教融合的道路，产业部门与教育部门的联系越加紧密，我国职业教育产教融合政策的经济功能在这一时期得以强化。1999—2013 年，我国社会主义市场经济体制建设处于关键时期，时代的发展要求职业教育产教融合政策发挥经济功能的同时，要关注社会功能。

我国国企开始进行改革，旨在应对市场的变化以满足新的需求和挑战，在此期间许多员工被迫离职或失去工作岗位。在这个关键时刻，我国政府采取了一系列措施来支持产业教育的进步并加强与企业的联系，如通过校企合作、工学结合等方式，积极与企业协作开展职业实训，对失业人员进行下岗实训，帮助失业人员再就业，解决社会就业问题，稳定社会秩序，充分发挥产教融合政策的社会功能。这些举措不仅有助于提高劳动力素质，而且能够有效缓解社会的压力，从而维护稳定的局面和社会安定和谐的环境。

2013 年至今，国家已经步入了一个全新的、高速的创新驱动发展阶段。在这个阶段，高职院校的产教融合制度也顺应了这个时代的潮流，从对政治、经济、社会等方面的重视，逐渐演变成了对政策个别功能的重视，突出了各种职能的辩证结合。例如，完善了校企合作办学体制，创新现代学徒制度、企业新型学徒制，积极为高职生创造成才途径，进行职业生涯规划等。更好地把我国的人力资源变成了人才资源，从而推动整个社会的发展。

（二）产教融合政策不足

1. 在制定政策上难以有效供给

第一，首要问题是过于重视战略性而忽略具体的执行策略。当前，我国职业教育与产教融合相关的政策涉及 5 类文件：指令、通知、建议、决议和法律法规。虽然各类别的产教融合政策数量不断增加，但是其分布并不均衡。就政策种类而言，"通知"和"建议"类占据了主要部分，它们更侧重于宏观层面的政策制定，如目的设定、计划设计、方案安排等。这反映出我国在推动产业与教学融合过程中发布的主要是战略性和指导性政策，其中包含许多的原则规定和规范要求，关于实施的具体步骤却较少，因此其实施效果可能受到影响。

第二，重部门规章轻法律法规。目前，我国职业教育产教融合政策的效力级别涵盖了法律、行政法规、部门规章、党内法规、团体规定、行业规定等6种类型，政策的效力级别虽呈多样化发展，但有所失衡。我国颁发的产教融合政策更多是效力级别比较低的部门规章，而效力级别高的法律、行政法规的政策偏少，反映出目前我国产教融合政策存在重部门规章、轻法律法规的问题[1]。

第三，缺少专门的产教融合政策。尽管有三项政策名称包含了"产教融合"字样，但在所有的已发布政策中，也仅此而已。这反映出我国对职业教育产教融合这一政策发布得相对不足，并且这些政策都是在最近五年内推出的，侧面反映出在此之前，相关的政策都是夹杂在其他政策中以零散的方式出现的。此外，我国的职业教育产教融合政策往往只是停留在表面。虽然近期发布了许多有关职业教育产教融合的政策，但是由于覆盖范围广泛且缺乏有效监管手段，因此很难实现其真正的效果[2]。

第四，重单独发文轻联合发文。随着我国产教融合的推进，每一阶段颁发的政策数量虽然不断增加，但政策更多的是由单一部门发文，尤其是教育部，这表明我国重视以教育部门为主的单独发文。此外，教育部在这类联合发布的文件中起关键性作用，虽然也有其他的部门加入，但在这些文件中主要还是辅助教育部来发布政策，进一步证明了当前产教融合政策下各部门之间的协同还不够深入。

2. 在执行政策中存在冲突

首先，政策在执行过程中存在部门冲突。当前，我国职业教育的产教融合政策在实际操作中存在部门间的不协调现象。一方面是生产方（私营企业），另一方面则是高职院校（如公立学校）。当生产方加入到这个专业的时候，他们主要关注的是投资收益；而高职院校则更注重向公众提供的公共服务。我国

---

① 赵雪芹，李天娥. 基于政策工具的我国民生档案政策文本量化研究 [J]. 档案学研究，2020（6）：37-46.

② 欧阳恩剑. 我国职业教育产教融合的制度变迁：制度供给理论的视角 [J]. 中国职业技术教育，2020（13）：5-12.

的职业教育是一种高成本的教育方式，长久以来的问题是经费不足导致教育部门难以独立承担起所有的公共责任，所以必须寻求合作者来共同完成这项任务。同时，教学方的目标在于借助企业的投入和资源来提升其对社会的贡献度，并尽可能地满足公众的需求。尽管政府已经推出一系列相关政策推动企业积极参加这种整合工作，但是这些政策并未完全覆盖所有方面，也存在一定的潜在风险，再加上校企合作类项目的投资额巨大且耗时长，具有较高的风险性，这可能会让一些企业担心他们的预期投资回报是否能实现，从而使他们在决定是否参与此类项目上犹豫不决。

其次，政策在执行过程中存在利益冲突。目前，企业与高职院校在产教融合参与上还未达成一致，是产教双方在融合过程中产生利益冲突的首要原因。企业作为经济主体，追求经济利益是其首要目标。企业的基本任务是以最小的投入获得最大的回报率来提升自身的竞争力和盈利水平。然而高职院校的职责则在于培养出有道德素养的学生，并使他们具备实际操作技能以便更好地融入社会工作岗位中。因此，从高职院校来看，其核心使命是要通过这种方式让更多的年轻人能够找到合适的工作机会，并且顺利地完成自己的学业生涯。当企业在面临风险分摊、收益分配、激励补偿等不合理的情况时，他们会向政府部门提出相关需求。然而，为了减少自身损失，政府部门无法全面满足各企业的所有利益需求，这时候，产教双方就会因为利益问题发生冲突。

最后，政策在执行过程中存在责任与权利冲突。当前，我国职业教育产业化进程中存在职责和权益不一致的问题。一方面，企业是产教融合的需求者，但他们通常认为产教融合是一种公共服务，因此应由政府或高职院校承担主要责任，并给予参加产教融合的企业以一定程度上的赔偿。然而，政府和高职院校却主张，企业加入到产教融合中来是一个必须完成的责任，需要积极地投入其中，并为其在财政、科技和资源方面提供支援和服务。这使产教两方的观念产生了分歧，从而引发了政策实施中的职责纷争。另一方面，企业作为市场的主要部分，期望能在公平竞争的环境里推动与高职院校合作，但是产教融合项目的权利义务关系相当复杂，且履行期限较长，这就容易造成产教融合项目在运营过程中，企业与高职院校之间经常发生摩擦和争议。由于高职院校作为一个公立机构，受政府管理，占主导位置，所以在解决矛盾和纷争的时候拥有更多的话语权和主动权等特殊的行政特权，能够运用这些特权对合同条款进行调整，把矛盾和纷争转嫁给企业。而企业，尤其是私营企业在应对产教融合过程中的矛盾和纷争时处于劣势的位置。他们的权益也受到了限制，由此造成了政策实施中的责任与权利的冲突。

三、新时期产教深度融合多重背景

（一）全球新一轮科技革命和产业变革深入发展，新产业新职业新业态不断涌现

近几年，在新技术的带动下，世界范围内的新一轮科学技术和产业变革进入了前所未有的高度活跃期，诸多新行业、新职业、新模式的出现，极大地促进了整个世界的发展。在这样的大环境下，应该利用我国的科学技术来对经济结构进行调整，推动产业升级，并使发展动能得到充分发挥。要以战略性产业为重点，支柱产业要稳步发展，落后产业要在适当的时候淘汰，同时要培育出更多的高素质人才，这样才能建立起一个完整的产业链、供应链和人才链。通过深入开展产教融合，拓展高职院校的发展空间；促进产业链、供应链、人才链和创新链的融合；促进战略性新兴产业的发展，推广先进的科技和经验，促进高质量的就业和创业；促进更多的新兴行业的发展与壮大，让更多的新技术在实践中得到检验、适应和应用，以此来准确把握和应对全球新一轮的科技革命和产业变革，为技术引领、人才支撑和行业支撑作出贡献。

（二）开放的双循环新发展格局逐步形成，培育更多经济发展新动能迫在眉睫

针对全球及国内的环境变化，我国提出了"加快建设现代化经济体系，加快构建以国内大循环为主体、国内国际双循环相互促进的新发展格局"。实际上，这是一种对我国现有经济循环系统的优化提升，它涉及了全面且深入的改革，必然会给经济构造、产业发展、技术进步、人才实训以及资金储备等方面带来重大影响。在这个过程中，要利用现代化经济体系来做基础支持，依靠创新驱动的力量，依赖高质量的高端产业体系，让科技、人力、人才和资本等生产因素投入实体经济专业，增强数字化经济与实体经济间的紧密联系，扩大经济发展范围，发掘潜在的经济效益，激发出更多的经济活力，借助战略资源和竞争优势去寻找新的经济增长点。而产教融合则会继续推动职业教育参与度，使其更有效地融入实体经济、科学研究、人力资源协调发展的产业链条，成为双循环新发展策略中的核心部分，助力打造出新兴经济引擎，为我国实现经济高速成长提供源源不断的能量。

（三）当前我国职业教育产教融合仍存在诸多短板，产教深度融合尚处于探索发展阶段

在党和国家的关怀与指导之下，我国职业教育的产教融合已经取得了很大进步，包括发展的结构调整、功能凸显、企业的深度介入、需求供应匹配、联合培养、品质评估及保证支援等方面。然而，我们也面临着一些挑战：首先，是有关各方对于这种融合方式并没有达成一致且准确的理解，他们可能出现误读或错误定位。其次，虽然党和政府对此进行了明确的决策和整体规划，但是地方政府、高职院校、企业和其他的研究组织却并未迅速制定有针对性和实用性的配合计划，以至依然可以看到许多部门都在执行相同的任务而没有产生实际的效果。再次，到目前为止，还没有完全实现"多元化、开放式、互动型、共享收益"的综合发展模式。例如，各个主要角色的工作责任与资源优势并未得到全面发挥，"各自为战"的情况相当常见。当多个角色的互动发生时，他们之间的关系并不平衡，交流也不流畅，协作也未达到紧密程度，导致了"学校热情，企业冷漠"或者相反的现象频繁出现，甚至有些地区因为"设备捆绑"的关系使得高职院校受到行业的限制。相关的合作平台或工具稀缺，尽管两方都有强烈的合作意向，但是由于缺乏合适的项目或平台，最终无法实现合作。最后，我国职业教育的产教融合仍然停留在初级合作和短期的整合阶段。当前，我国职业教育的产教融合总体而言还处在考虑是否存在、存在多少的"数量"层面，对于发展的质量和等级水平的研究还不够深入和详尽。在推进产教深度融合过程中，我国的职业教育自身的素质较低，吸引力和影响力较小，这已经大大阻碍了产教融合相关政策的实施和现代化职业教育的高质量发展，急需科学地解决该问题。

第二章 高职院校会计专业产教融合现实依据及机制构建

>> 第一节 高职院校会计专业产教融合现实依据

一、高职院校会计专业产教融合可行性

尽管高职院校在推进会计专业校企合作、产教融合过程中受制于内部环境和外部条件，且难以深入开展现代职业教育人才培养方式，但是核心利益相关者的强烈利益诉求是动力，制度保障提供了坚实的基础，以及现代服务业人才需求缺口大，这些为新时代高职院校会计专业产教融合发展提供了可行性。

（一）核心利益相关者的强烈利益诉求是动力

企业、高职院校和会计专业学生是产教融合利益关系网络的核心利益相关者，他们各自有着强烈的利益诉求。"经济人假设"的企业始终致力于实现利润最大化，通过加入产学研一体化的过程中，获取高质量的人才储备，增强企业的运营效果。例如，对于证券交易部的员工来说，仅需经过几周的实训就能胜任工作，而这些对于学生来说，他们的实践经验和服务水平明显优于其他同类人员。此外，借助高职院校丰厚的教育资源及研究成果，能在基础科技支持、科技创新、技术进步等方面贡献智慧力量，进而强化其未来的整体竞争力和品牌影响力，进一步推动企业的创新发展。高职院校是非营利性的单位，在政府部门的考核、专业教育经费不足、学生的职业发展需求以及商机的驱使下，高职院校（尤其是中西部欠发达地区）迫切需要找到适合自己的企业来实施产教融合发展计划。对于高职院校会计专业的学生来说，学习更多的专业知识与技术，是他们最基本的兴趣追求，以此为自己未来的职业生涯打下坚实

的职业基础。并且他们还想通过在企业中实习,获得一定的补贴,从而补偿人力资源消耗与机会成本。从中可以看出,不管是企业、高职院校,还是会计专业的学生,他们都对实施会计专业的产教融合发展计划有很强的诉求。

(二)制度保障提供了坚实基础

如何在复杂的利益网络中寻求利益平衡,破除会计专业产教融合发展的制度困境与现实障碍,有赖于良好的制度作为支撑。其一,是国务院发布的首个国家级产学研一体化的政策文件——《国务院办公厅关于深化产教融合的若干意见》,主要关注了如何解决教育和行业之间的关系问题,提出了一些建议,比如,同步制定产教一体化的发展计划并结合经济发展情况,优化职业教育的地理分布,使其更好地配合国家的创新系统及新城市建设,鼓励高职院校的专业设置能跟上行业的转变趋势,建立一种基于实际需求的教育模式来调整人才培养策略,等等。其二,为了让企业的角色得到更好的重视,制度上也给出了相应的解决方案,包括扩大企业参与的机会,深入推行"引企入教"制度,增加实训机会,由企业主导协作研究和技术转移,提升员工在职学习能力,增强大型企业的领导力,等等。其三,对于产学研一体化的学生培养方式,提倡把技师的精神纳入基本教育中去,实行产教联合式教学,加强对产教合一教师团队的支持,改进入学选拔流程,加速学校的管理体制变革,创造新的教育实训供应形式,等等。其四,为实现产教双方的需求匹配,提供了一些方案,例如,加强行业间的沟通,合理监管市场的服务机构,创建信息平台,引入第三方的评价机制,等等。其五,还需要执行产教一体化发展的项目,保证财政税收,提供土地的使用权,提供金融援助,设立产教一体化建设的试验区,积极展开国际学习交流活动,等等。这些无疑为新时代高职院校会计专业产教融合发展扫清了障碍。

(三)现代服务业人才需求缺口大

近年来,由于供应端结构化变革持续深化,行业转型进步也在加速,像金融服务、现代物流服务这样的现代化商业专业已经逐渐成为特定的地域特征和产业优势。然而,与此匹配的专业型会计岗位人员供需情况,尤其是高级服务行业的会计工作人员短缺及高层级人才缺乏的问题越来越明显,其根本原因是高职院校会计专业的教学与实际工作存在脱节现象。这种情况下,由高职院校提供的会计相关人才很难满足现代服务行业快速增长的需求,因此需要用新的观念来引导。根据高职院校的会计专业生产与教育的实际情况,应对会计专业人员实训体系作出适当调整。这意味着，专业建设的方向应该与行业经济发展保持一致，人员的培养过程应与企业合作设计和规划保持一致，同时要建立起一支"双师型"教育团队并且加强操作实训，以此推动高职院校会计专业实现深度整合式发展。

二、产教融合与高职院校人才培养联系

（一）产教融合对于高职院校人才培养的意义

虽然产教融合并非空中楼阁，但其不同的层次和深浅会导致迥异的教育成果。如今，在高职院校实用技能人才的培养中，产教融合已被视为一项普遍认可的方式，而实行这种方式有助于深化高职院校教育教学改革，探索应用型人才培养规律，确保高职院校人才的培养和企业需求的无缝对接。

1. 有助于深化高职院校教育教学改革

目前，伴随着我国社会的经济发展步入新时期，行业转型持续加速，经济结构转变也在快速推进中，这使得我们急需高职院校加快其技术技能人才的教育实训速度，以使职业教育的角色更加突出。然而，相较于发达国家或当前行业的真实需求，我国的职业教育仍面临许多挑战，例如实训系统的不完整性、课程设计未能紧密贴合行业实际情况、实训基地的发展还有待提高、企业参与办学的能力有限、实用型人才培养的相关政策尚未完全落实、人才培养水平差异较大等。为了应对这些困难，推动产教合作是关键路径。产教融合已成为高职院校教育改革及人才培养方式革新的主要方向。这一趋势具体表现为以下几点：首先，应把行业产业需求纳入专业构建全程，确保高职院校的专业设立和服务区域产业发展保持一致；其次，应该让行业对于人才的要求作为高职院校教育活动的核心部分；最后，应把行业工作岗位的需求全方位地嵌入高职院校的专业课程体系，并贯穿整个人才培养流程。

2. 有助于探索应用型人才培养规律

产教融合被认为是职业教育相较于其他类型教育的主要特点，同时是职业教育的核心特质，它对培养实用型人才至关重要。高职院校的教育使命在于提供满足社会需求的专业人才，并最终致力于国家及地区的经济发展。为了使所培养的学生能够满足企业所在行业发展要求，适应经济社会的进步，必须采用产教融合的人才培养策略，让学校与行业的联系更加紧密，与企业建立更直接的合作关系。这就意味着要摒弃传统的专业导向式人才培养方法，积极推进创

新型的教学理念转变,把重点从教授理论知识转向实践操作能力、工作技巧等方面的实训,并且要把学习场所从校园转移到工厂或社区的环境里去。如此一来,一种旨在提升学生全面职业素养的新型人才培养体系便得以形成。所以,推行产教融合式的教育能有效揭示实用型人才成长的内在规律,促进高职院校从专业的角度出发向基于行业的应用型人才培养模式转型。

3. 有助于高职院校人才的培养和企业需求的无缝对接

在产教融合的教育方式中,高职院校会依据自身的实际情况及学生实训的要求,主动寻找有实训需求并且条件合适的企业来进行联合实训、课程构建、科技研发、岗位实训和社会服务的协作,从而达到高职院校和企业的"双边"培养目标。这种协同发展方式可以满足双方的需要并形成互利共赢的关系。首先,高职院校能够向企业提供他们需要的课程和教师资源,使其变成一家符合企业要求的学生实训机构。其次,企业也通过使用会计专业技术、基础设施和管理策略等方式加入产教融合的过程,以适应员工的实训要求。在产教融合的教育体系里,高职院校和企业将会一起开发出适合各自需求的人才培养计划,并将最新的技术、技巧、工程流程和规范融入课堂教学的标准和教材之中。在学校和企业的互动关系中,学校的每个教学阶段如课程设定、教学材料、评价机制,再到实习经验、毕业项目等,都必须考虑企业的需求和意见,以此作为主要参考因素。在这个过程中,学校会对各个环节作出相应的修改和提升,使得理论学习和实践操作持续整合、知识传递和技能发展持续整合、专业教育和市场需求持续整合,最终实现高职院校学生的培养工作能紧密贴合企业的真实需求。

(二)高职院校人才培养与产教融合之间内在关系

1. 高职院校人才培养要求

作为推动社会行业化进程和社会生产的必要保证,高职院校肩负着向各行业提供优秀人才的关键职责。相较于普通教育,高职教育的重点在于培养兼备理论知识和实际操作技能的专业技术人员。因此,通过产教融合的方式,可以使高职院校在实训学生时更加贴近产业发展和社会进步的需求,从而塑造具有高度综合能力的优质人才。

2. 高素质技能人才培养的复杂性

为了满足对高素质技能人才的需求,高职院校需要确保所培养的学生能胜任一线的工作岗位如制造、建筑施工和服务管理的任务。"注重学生综合素养而非单纯的专业技巧"，是实训高级职业技术人员必须始终坚持的原则，同时要强调学生的实际操作能力和持续学习能力的重要性。随着科技和社会信息更新的速度加快，高等专业技术人员必须有足够的学习能力和自我提升力来应对行业发展变化及科技创新带来的挑战。所以，对于他们的培养过程来说变得更加繁复了。然而传统的高职院校教育教学方式往往过于依赖教室内的教师讲解，虽然学校设置了一些实操科目，但是受制于教师自身的理解水平、设备条件限制或者缺乏合适的实训基地等因素，这些实战演练的效果并不理想，导致学校的育人效果无法达到企业的招聘要求，最终造成了高职院校生找工作困难，同时用人企业招不到合适员工的矛盾愈发突出。通过实施校企合作的教育改革策略可以有效摆脱这种困境，实现双方共赢的目标：一方面提高高职院校学生动手能力，另一方面也能使他们更好地了解市场所需的技术型人力资源情况进而提前做好准备工作，以便顺利进入职场开始自己的职业生涯①。

3. 在当今的职业教育体系中，高职院校具有主导地位

在构建现代化高职院校系统过程中，高职院校在推动经济发展的变革、调节行业构造、持续的教育实训以及平衡职业教育的发展方面具有关键作用。同时，高职院校也在积极地观察并预测新兴产业及尖端科技行业的就业趋势。尽管如此，目前我国的高职院校的人才培养方法仍有待改进。比如专业的分布过于集中，课程架构不够科学，实操实训部分较为欠缺，等等。所以，为了加速高职院校的改革进程，必须坚持以"双元制"的办学制度作为主导方向，把企业的需求放在首位，设定提高学生全面能力的目标，并且强调产学研一体化的核心理念，这样才能更有效地满足社会对高质量技术工人的需求，从而应对我国产业发展所需人才的迫切现实。

三、对于高职学生的培养，产教融合发展是必要的

（一）对于高职学生的培养理念而言，产教融合是必须满足的条件

鉴于高职院校的专业特性影响了它对人才教育的目的设定，即强调职业技能的发展，因此，产教融合的目标在于让学生能在真实的工作环境中运用他们的理论知识，实现理论与现实工作的无缝结合，而不是仅仅停留在理论层面上。这种观念应当渗透到学校的所有环节及企业联合培养学生的全过程，确保

---

① 郭雪峰. 高素质技能型人才的培养［J］. 湖南科技学院学报，2012，33（12）：149-150.

理论、实践、教育和市场的需求达到一致。根据市场需求来调整人才的教育方向，重视提升学生的全面能力和自我学习的潜力，这是产教融合倡导的原则，有助于毕业生更有效地应对市场需求的变化[①]。

（二）针对高职学生的培养流程而言，产教融合是必不可少的

对于教育和生产融合的需求而言，高职院校必须能灵活应对行业的发展趋势。为此，高职院校须积极投入到市场研究中去，预判行业的招聘需求，并且依据不同的情况制订各类专门的人才实训计划，之后还要随着市场的变动来实时调查这些计划。从课程设置的角度来看，应该注重把理论学习和实践经验相融合，确保理论知识迅速而高效地转化成实操技能。此外，高职院校也应当借助政府的力量，积极参与与企业的协作，一同拟定人才培养策略。

构建"双师型"教育团队是培养优秀人才的关键因素，高职院校需要加大力度并加速推进这一目标。此外，当评价学生的表现时，教师应该跳出传统的评判模式，通过来自政府、学院及企业的多角度综合考量，以达到产教融合的目标要求。

（三）对于高职院校人才培养需求，产教融合是必要的

就教育策略而言，高职院校需要增强同业界的互动与协作，以便建立合适的人才培养方案。在此过程中，应强调让学生掌握知识与实际操作的一致性，让他们能够迅速把课堂上学到的理论运用到现实环境中，并且关注他们在学习进程中对实践环节的投入程度，从而由侧重知识导向转向技能导向，即从过分依赖课堂及教材的教育转变成更偏重于实操教育的方向。此外，应该借助政府的主导力量来改革传统的单一线条式的教法，推动多样化教学手段的发展，努力构建高职院校与产业界共同培养人才的平台，促进资源互享。与此同时，还须进一步加强政府对于这种新型教育形式的支持力度，保证高职院校和企业可以依法合规且持续稳定地实训出优秀人才。

[①] 魏振东. 产教融合背景下高职院校人才培养模式创新研究［D］. 昆明：云南大学，2019.

》》 第二节　高职院校会计专业产教融合机制构建

一、高职院校会计专业产教融合创新发展机制

创新是永葆高职教育事业蓬勃发展的不竭动力。作为国家七大战略之一，创新驱动发展战略在高职院校会计专业产教融合发展中蕴藏着无限机会。所谓高职院校会计专业产教融合创新发展机制，是指在高职院校会计专业产教融合人才培养过程中，着力激发教育者、办学者的创新活力，以人才培养模式和机制创新为主线，推动会计专业产教深度融合。它主要包括经费投入机制、人才培养机制和效能评价机制等三个方面的创新。

（一）经费投入机制

近些年，各级政府采取了一系列的基础建设计划、模范引导方案、学生补助策略以及全面奖励补贴等多元化政策手段，逐渐构建并优化由政府领导、接受教育的个体适度承担费用、其他多途径筹集资金的教育投资体系，从而促进了高职院校会计专业的产业与教学深度整合的快速进步。尽管如此，高职院校的教育资源投入程度仍远远无法满足其培养规模、预期角色及功能的需求，且长期性的财政支持模式仍未确立。现阶段，推动高职院校会计专业产教融合人才培养模式纵深发展，亟须建立、完善与之相配套的经费保障制度用于实训基地建设、配套系统设备购买、科研经费支出、课程开发以及其他实训内容投入。从国家财政性经费投入来看，尽管高职教育产教融合经费投入呈现逐年上升的良好发展态势，但与其他层级教育经费投入相比，比重显然偏低。譬如，2016 年全国普通高职高专教育经费投入 1 828 亿元，占国家财政性教育经费投入的 5.83%，而学前教育、义务教育、高中教育、本科教育以及其他教育经费投入占比则分别为 8.93%、56.11%、19.62%、26.40% 和 16.89%[①]。从高职院校和企业配套经费投入来看，由于目前尚未建立规范有效的经费投入保障制度和利益分配机制，且会计专业产教融合投入产出不高，存在诸多偶然性和不确定性，致使大多数高职院校和企业在产教融合推进过程中，不愿意持续性投

[①] 中华人民共和国教育部. 教育部关于 2016 年全国教育经费统计快报［EB/OL］.（2017-05-03）［2023-02-12］.http://www.moe.gov.cn/jyb_xwfb/gzdt_gzdt/s5987/201705/t20170503_303595.html.

人大量人力、财力和物力，严重制约了会计专业产教融合的深层次发展。所以，必须加速推进高职院校会计专业的产业与教学融合发展资金投入模式的改革。这不仅仅依赖于公共教育的财政支出，还需要全面运用政府和民间资本联合、产学研一体化的投资基金、教育贷款、股票筹集等多种市场手段来吸引更多的社会资源投入到这项工作中来。

（二）人才培养机制

为了构建并优化企业的参与方式，激发社会机构对高等专科院校会计专业人才实训的热情，近些年各层次的教育行政管理企业、业务主管机关及各类社团都采取了一系列行动：创建了行业职业教育的教学咨询委员会；举办了多种类型且涵盖内容为高职院校会计专业教学联合与企业连接的活动；开展了以会计专业教学结合、企业协作为主题的国内外、全国专业或地区性的经验分享会议和学术讨论会；等等。这些举措旨在加深高职院校会计专业教学融合的深度，持续提高其理论研究能力和实际操作能力。此外，对于推进高职院校集群式办学的革新，部分地区的做法也值得一提。他们不但利用政策优势、经济资助、行业领导力、产学研一体化等多种手段来激励高职院校与其他实体企业共同创办主要涉及第三产业的专业教育集团，而且鼓励社会团体从资本、科技、知识、管理等方面投入到学校的运营中去，积极探寻内置股权结构调整和收益共赢的方式，从而形成了股份型、混合所有制的高职院校运行模型。这所学校专注于四个国家级领先的专业：电商运营、货运控制系统、零售业务处理，以及老年人照顾和服务体系。他们还实施了定制化"企业命名的班级"，将企业资源引入校园。这些举措逐步形成了适应本学校的会计岗位人员教育模式下的产业教学融合的人才实训制度。

（三）效能评价机制

目前，我国高职院校会计专业的产教融合进程相对来说有些迟缓。现有对高职院校实施的定期考核以及年度的质量报告很难对产教融合进行实质性的推进，还缺少一套能够衡量高职院校会计专业产教融合效率的指标。一般来说，建立一套科学、合理的产教融合绩效评价指标，不仅需要能够体现其深入发展所产生的积极的经济效益和社会效益，而且要考虑其流于形式所产生的消极的经济效益和社会效益。因此，建议建立一个以教育主管部门、行业协会、第三方组织为主体的产教融合效率评价小组，来对高职院校的办学实力、产教融合对经济和社会发展的贡献率、会计专业学生的综合竞争力和企业的人力资本价值等进行评价。在此基础上，还应该在各级政府的支持下，建立一个特殊的产教融合监督委员会，下设监督委员会和协调委员会，对高职院校会计专业的产教融合工作开展专项监督，并定期印发工作总结。其中，监督委员会主要监督在产教融合进程中高职院校和企业的表现，对不主动的责任人，采取座谈、疏导等手段促其改正态度，对不作为的责任人予以通报。在高职院校的会计专业与产业的融合进程中，如果院校与企业之间发生的纠纷不能自己协商解决，那么，协调小组就可以充当一个调解平台，对两者之间的纠纷进行调解。

二、高职院校会计专业产教融合协调发展机制

（一）区域协调机制

在职业教育专业中，不同层次、不同地区、不同学校之间，各学科发展不均衡、不充分的问题特别突出。在我国各级教育的发展过程中，与普通高等学校的基础性和关键性相比较，高职院校不管是在受社会的认同和重视上，还是在政策、资金的支持上都比较弱。就区域而言，在经济较先进的地区，教育资源较为突出，并且在各个产业中都有规模较大的企业，这些都为高职院校会计专业的产教融合奠定了良好的基础。而经济不发达地区，通常也是产业不太发达的区域，在产业的种类和规模上，整体都比较薄弱，很难对高职院校学生的职业生涯给予有效的支持。根据各高职院校的情况来看，在产教融合发展过程中，省级示范性现代高职院校和国家或地方政府重点扶持的行业院校常常可以得到更多的政策、资金和企业的资源支援，而其他高职院校，尤其是经济欠发达地区的高职院校，由于受教育资金不足、区域经济条件的制约以及政策的扶持程度不够等原因，很难实现产教融合。

为此，要解决高等职业学校不均衡、不充分发展与人们不断提高的优质教育服务需求的矛盾，必须坚持以协调发展的思想作为基本原则，在资金和政策上，加强对经济欠发达地区的高职院校的资金和政策扶持，使其在基础设施建设、人才队伍建设和学科专业发展等方面得到改善，并鼓励重点高职院校支援新建的高职院校。另外，在税收上可给予优惠，通过政策上的指导、产业上的支持、科技咨询和其他手段，推动经济发达地区企业参与经济落后地区高职院校会计专业产教融合发展项目。此外，还须优化并扩展对贫困学生的援助覆盖面，可以通过政府补贴、校园预算支出、校友和社会捐赠、自身资产运营收入等途径来实现，以增加奖金与援助基金的来源。与此同时，要加强对受益者的

精确识别、准确激励及有效管理，提升援助服务的质量和效率，以此构建一套有效的精准援助体系。

（二）利益协调机制

高职院校会计专业产教融合主体有政府部门、行业协会、高职院校、企业、学生、教师等各个利益相关者，在教育过程中，应对各种利益相关者的合理的利益要求进行协调，尤其是要破除企业对高职院校的投资疑虑，从而促进教育活动的开展。解决这一问题的核心是要构建一个健全的产教融合的收益分配机制。这就需要国家根据地区经济和社会发展的需要，通过建立具有地方特点的管理制度，明确企业和学校之间的权利和义务。同时，应加大对高职院校的投入力度，通过财政补贴、税收优惠和以奖代补等方式，对企业在产教融合过程中消耗的人力物力进行补偿。

详细来说，首先，需要创建专门用于推动高职院校会计专业的教育与产业融合发展的资金项目，并构建激励机制，以促使企业更加主动地参与到这个过程中来。对于表现卓越且影响力深远的企业应给予适当的奖赏，同时在技术升级、新型产品的研发等方面予以支持。其次，应该制订有利于产教融合的税务减免方案，针对学校中的企业、企业承办的学校、"双元制"的模式、现代学徒制的试验点等类型的企业在税费上给予一定的优惠。再次，要推行实习实践补助计划，向因接收高职院校的学生实习而产生的损失支付相应的补偿金。此外，需要加速推进有关高职院校会计专业产教融合相关法律法规的研究和制定工作，大力提倡大型中等规模的企业独立或者联合高职院校开办私营高职院校，并且鼓励具备条件的高职院校成立自己的企业，从政策、税收的角度给他们提供政策的支持和优惠。最后，还需快速形成"共享培养、合作实训"的校企利益共同体，从而深化高职院校会计专业产教融合的发展，使其能够持续深入，取得更为丰富的成果。

（三）协同育人机制

不可否认，高职院校是一个跨越多个专业的机构，为产业发展与地区经济增长提供支持。因此，政府部门、特定专业企业及接受教育的个人都属于其受益群体中的一员，在这个过程中他们各自承担了独特的职责并且拥有特定的需求期望值。根据"利害关系人"概念来看，实现各方的权益均衡且达到他们的满意度被视为推动高职院校会计专业的教学实践合作的关键因素之一。这意味着必须构建一种能够体现公平回报的价格调整系统，来确保企业积极投入到这个协作培养过程中去。但不少企业反映，参与会计专业产教融合并不能从高职院校获得相应的补偿，政府许诺的政策优惠也存在不确定性，严重挫伤了企业深度参与协同育人、协同创新的积极性。此外，高职院校的教师通常实际操作经验不足，过分重视理论教育的价值，因此很难把企业的技术与技巧成功地整合到课程内容里去；现行的教师评价系统很少或根本未包含产教融合协同培养的效果，导致了质量保证机制及考核系统的缺失，进而影响了产教融合协同培养的发展。因此，高职院校会计专业产教融合流于形式也就不足为奇了。我们需要设立由各行各业的管理部门、企业及学院组成的教育咨询机构，以形成对行业职业教育的指引体系，并实施定期的行业人才资源需求预估与就业情况报告系统，进一步加强校园与企业的协作教学模式。同时，应积极推动现代化实习生制度的发展，尝试构建一种长期有效的校园与企业联手招收学生、协同实训、一体化的培养方式。此外，还需鼓励优秀且有影响力的高职院校，根据地区发展的计划和产业构造的特点，引领创建针对当地主要产业或特种产业的区域性职业教育联盟。

三、高职院校会计专业产教融合绿色发展机制

（一）绿色融合机制

企业参与到高职院校中，与高职院校进行融合，具有人力资源优势、人才培养优势和技能提升优势。在提高知名度等要求的同时，高职院校存在增加实践师资队伍、实践硬件软件建设以及会计专业学生就业率等方面的利益诉求。如果两者之间存在着无法协调的矛盾，那么产教融合就会出现融合流于形式、协同育人效果差的问题。这就迫切需要将绿色发展的概念融入高职院校会计专业与企业的产教融合之中，通过加强企业之间的合同意识，让所有人都能清楚地知道自己的权利和义务，加强对话与合作，增强相互信任，建立产学研一体化的绿色发展模式。特别是在国家财政资金投资中，要逐渐加大高职院校在财政支出中所占比例，要根据"一项一策"的原则，对高职院校会计专业与产业融合发展计划提供相应的资金支持。借助政策指导与税收减免，激励银行等金融机构以安全且盈利的方式创新业务流程，并研发出适应教育产业融合发展多样化的筹款方式来满足其资金需要。此外，为了激发高职院校及企业的热情、活力和创意，有必要设立一套关于高职院校会计专业的产学研一体化奖励惩罚规则。对于那些深耕于此专业、表现良好、影响广泛并且作出突出贡献的

学校或企业，应当予以表扬和相应的政策扶持；相反，如果他们没有达到标准，也应该受到一定的处罚（比如减少预算）。尝试构建一种由政府主导的资助体系，向参与会计管理学科产学研一体化的企业提供部分补助，以此形成"各方协同作战、共同培养人才、全程监管、分享收益、承担义务"的生态式整合机制。

（二）绿色育人机制

在高职院校的会计专业教学实践中，"教师授课，学生接受"的教学模式是以教学提供方的观点为基础的。它存在教学内容条块化、教学程序机械化、教学信息碎片化等问题，学生成为信息的接收者。该方法的优点是：内容系统化的针对性强、效率高，"言传身教"便于课堂组织。但是，该方法存在着教师的经验水平直接影响教学质量，学生的学习兴趣和独立思维能力受到限制，不利于学生的人格发展等缺点。学生能否以行为指导方式，积极投入到学习活动中，将所获得的知识信息转化为现实需求，是教育质量高低的根本反映。高职教育是培育具有创造性和实用性人才的重要平台，迫切需要进行教学理念的革新和教学方法的改进，从而深入地推动教育供给制的结构变化，由以往依靠教师传授知识、强化记忆的教学模式向激发学生自主探索、主动建构知识的教学模式转变。"绿色教育"是一种将可持续发展理念和环境保护观念融入多学科的课程和实践活动中，并融入了人文社会科学等多学科的实践活动，是提高学生综合素质的一项重要内容。"绿色教育"是指在培养职业技术人才的过程中，要从培养理念、培养方案、培养课程等方面，将绿色发展思想纳入理论和实际教学等各个专业和整个过程中，把绿色校园、绿色课堂、绿色技能和绿色意识都纳入其中，以此来建立一个生态、文明、协调的绿色教育系统。构建健全的高职院校会计专业的绿色育人体系，不仅要加强校园软硬环境的建设，还要在课堂上进行生态教学，在校园中开展生态文化建设，开展多种形式的课外实践，创造良好的绿色教学环境。同时，应从观念引导、发展环境与环境分析等方面加强高职院校师生的"绿色意识"。而且，在产业融合的课程内容设计上，要将专业基础课程的内涵扩大，要注意会计专业与其他专业的相互联系，将专业间的特性联系起来，这样才能构建出一套全新的学科课程体系。

（三）绿色评价机制

虽然现有的高职院校的评估系统能提供发展的驱动力与理论支持，然而长时间的制度及机构改革迟缓，导致了目前我国高职院校的人才培养评测仍面临着诸如评价功效缺失、评价准则过时、评价主体欠完备以及评价效果不够等问题。因此，必须以环保观念作为指导原则，构建一套绿色的评价体系①。首先，树立科学合理的高职教育绿色评价理念。应该主动接受并融合绿色的教学观念，依据当前产业发展及服务的特性来持续改进并且提高人力资源评价体系能力；同时我们须注意到这个系统的评分标准应当充分考虑被测者的适应能力和职业发展前景，以此有效增强高职院校中会计专业的整体水准。其次，要高度重视高职院校教育的多维度测评方法。高职院校里的人员实训品质鉴定不能只依赖学校的教师去衡量学生的表现情况，还需要加入学生的自我反馈意见和其他合作伙伴机构的建议，甚至可以邀请其他同类高职院校的参与者一起完成这项工作，这样才能更完美构建人员实训成果检测机制。最后，创建基于高级专业技术基础全方位的能力测试模式。高职院校的教育工作者有责任确保他们的工作能够充分发挥其优势，因此他们在设计课程时就得考虑如何让学生更好地理解基本原理、概念及其实际技巧的使用问题，同时需要注意考察学生的道德修养状况、身体健康状态及他们的从业经验等方面的情况。最终的目标是推动多种形式的高级专科学术研究活动。需要打破传统的考试评价模式，改变把笔试、口试和实践操作测试分开的评价方式。而应该重点关注技能的考核，将学生和教师的关注点集中在提升综合职业技能上。

四、高职院校会计专业产教融合开放发展机制

（一）内部合作机制

目前，我国高职院校会计专业在开展产教融合的过程中，受到师资力量及学校办学实力不强、学生综合素质不高等因素的制约，难以与大中型对应企业进行实质性的协作；或者由于缺乏足够的话语权，在人才培养过程中使得企业占主导，从而丧失了其人才培养的特色。为了解决此类问题，需要加强高职院校和地区内各个层次的教育机构、企业和社会的协作，并在此基础上，构建一个能够体现职业教育特点的企业内部协作体系。

首先，要进一步深化学校间的协作和沟通。在我国经济发展较快的城市，高职院校通常位于"高职院校城"中。此类区域存在着数量众多的高职院校。但高职院校之间，尤其是高职院校和本科院校之间的协作与沟通通常都十分匮

---

① 朱梦子. 职业教育人才培养质量评价的对策探讨 [J]. 未来英才，2017（18）：152.

乏。教育行政机关是高等学校的统一管理机构，必须在教育精准扶贫、对口帮扶和教育互助等方面，起到引领和促进高职院校合作和交流的重要作用。与此同时，高职院校也要积极行动起来，利用自己的会计人才资源优势，与本科院校之间进行各种形式的交流与合作。其次，要强化产教融合主体的契约精神。基于不完美合同的分析，院校与企业的协作本质上是一种动态的博弈，但这将直接影响到人才的实训效果，对企业的发展有着重要的意义。加强产教融合各方的契约精神，既要依靠合约内容的完备与主体自律，更要有扎实的法治保证，因此，要尽快制定与产教融合有关的法规及政策标准。最后，要主动引导社会大众对产教融合进行监管。一方面，要加速建设一个产教融合信息平台，对高职院校基本信息、人才培养方案、年度鉴定报告等进行动态披露；另一方面，要鼓励社会各界，尤其是学生父母对人才培养进行更加严格的监管，形成社会监督，如果在产教融合进程中，学校和企业双方做出了违背人才培养原则的事情，就要及时地将这件事情报告给当地政府和行业协会。

（二）外部交流机制

我国幅员辽阔，省市众多，在项目治理模式下，不同地区高职院校之间管理模式、发展程度、开放程度参差不齐，严重阻碍了校际会计专业资源要素的流动。同时，区域内部和区域之间经济总体实力的巨大悬殊，造成了不同地区高职院校会计专业交流与合作的障碍。从总体来看，高职院校特别是优质高职院校地域分布与经济发达地区高度重叠，整体表现为"东—中—西"递减规律。从局部来看，经济发达城市高职院校数量众多，经济相对落后城市高职院校数量零星分布，如福建省福州、厦门、泉州、漳州 4 个主要经济发达城市高职院校数量占全省的 82.35%。在不同行政区划之间、不同经济发达地区之间建立高职院校的交流与合作，需要建立完善的与之相适应的外部交流机制。首先，需要借助各种途径，如教育管理的经验分享、教师的实训提升、深造学习访问、专业的研究讨论、学术活动与论坛、年度的专业大会等来构建地区内外学校间的优质沟通网络；其次，可以利用优劣互补、资源共用的方式去搭建高职院校间的策略协作框架，从而巩固跨越省区的校园间的持久合作联系；最后，无论是大中型企业还是优质高职院校，都可以依托自身雄厚的技术资本和办学实力以及建立良好的沟通协商机制的基础上，探索"校—企—校""校—企—企"等多元化会计专业产教融合模式，或是办学实力较差的高职院校联合起来共同参与会计专业产教融合发展项目。

（三）国际联通机制

2015 年 3 月，国家发展和改革委员会、外交部和商务部共同发布了名为《推进一带一路倡议：目标及其实施方案》的文章。文中明确表示了以"和谐协作""开明接纳""互相学习""借鉴并共享成果"（四项原则）进一步提升国际互动频率；同时鼓励更广泛的人才流动，增加各国之间的教学活动数量，并且积极推行合办学校的方式方法。这为高职院校中会计专业的产教融合的高质量进步带来了巨大的机会。为了实现高职院校会计专业的教育实践相结合的发展模式向更高层次迈进的目标，需要全面运用好现有的各种有利因素，同时要抓住这个重要的时机，构建新的服务平台框架体系，建立健全相关规章条例流程机制，创建出具有特色的项目标杆示范工程案例等，以此作为基础，再深入国内外各类高职院校和机构企业组织联盟协会，或慈善公益性质的社会团体，展开深度的沟通对话，通过多种途径和形式促进高职院校会计专业产教融合国际联通机制形成。如深度参与"一带一路"倡议。"一带一路"职教联盟可以作为连接我国高职院校、企业、职业教育团体及基金会的桥梁，同时能促进各种类型的教育合作项目，包括人才培养、教育教学改进、教师发展、科研协作、资源分享、创新创业、联合办校、学术互动等。此外，可以推行多元化的国际合办计划。

五、高职院校会计专业产教融合共享发展机制

（一）资源共享机制

高职院校会计专业产教融合涉及政府部门、行业协会、高职院校、企业和社区等多元主体，不同利益主体之间有着各自的利益诉求，彼此之间信息的不对称极易导致道德风险和逆向选择等行为。作为社会公益的代表，政府机构有责任通过搭建产教融合信息共享平台，为高职院校、企业、行业协会和社区等各参与方提供一个信息公开平台，促进高职院校会计专业产教融合的信息化发展。具体而言，要建立高职院校、企业和行业协会"三位一体"的信息公共平台，定期发布高职院校会计专业和企业的合作需求信息，定期发布行业协会最新行业准则和指导意见，让高职院校和企业及时了解产教融合需求动态，以此节约目标对象搜寻成本；让行业协会充分了解不同高职院校和产业发展状况，以便提出更具针对性的产教融合改进意见；让学生也能更加容易地参与其中。同时，我们应该学习共享经济中的"资源共用、互相支持与利益分享"

的精神，充分利用各区域高职院校会计专业的师资力量及企业的科技资本优势，构建适应当地实际情况的高职院校和企业资源共享网络。譬如，当中西部地区或其他经济落后地区高职院校受制于会计专业师资或实训基地力量不足而难以和相关企业开展产教融合时，可以通过校企资源共享平台，寻求东部地区或其他经济发达地区高职院校的帮助，从而顺利推进该地区高职院校会计专业产教融合。

（二）产教联动机制

高职院校的教育目标与行业发展方向并非完全一致，因此会计专业教学实践深度结合的发展需要教育、研究、制造等方面的利益融合、制度融合和文化的融合、技术融合、资源共享以及人员的协同工作，以达到功能和资源优势的共同利用并产生耦合效应，从而推进产教融合的发展。利益融合旨在满足学校和企业的各自利益追求，最后达到共享共利的终极目标；制度融合和文化的融合则强调了高职院校会计专业的人才培养体系应与企业的人才实训系统契合，且须经协商共建来实现无缝对接；技术融合意味着高职院校作为技术提供方与企业作为技术需求方的深入协作，实际上是在促使各类生产因素的高效配合；资源共享则是呼吁整合高职院校和企业的资金、人力和技术资源，以便实现现有资产、劳动力和科技资源的最优分配；人员协同则是期望加强教师、学生、企业管理层及其雇员这四个群体间的合作与沟通，无论属于哪个群体，都需要扮演二元角色，完成两项使命。

（三）成果共享机制

会计专业的特殊性使其既无法直接借鉴理工类等应用型专业产教融合经验，也难以忽视学校类型、不同地区经济差异对会计专业产教融合成果吸收转化的异质性。在高职院校中，会计专业的教育与生产相结合的结果主要是通过产教融合的人才培养体制、方式和流程来体现的。在这个过程中，产教融合的人才培养体系起到了关键性作用，它不仅涵盖了从前期的教学计划设计到实践场地建立，再到相关系统的购置、课程研发等各个环节，还涉及学校和企业之间的合约责任权利的具体划分和签约过程。此外，人才培养机制作为产教融合视角下的人才培养法则的核心指导原则，是推动会计专业产教融合稳定运作的关键因素。人才培养模式就是根据特定的学习目标和人才标准，具体实施会计专业人才实训全过程的一种综合形式。如何将高职院校会计专业产教融合优质成果通过一定的方式和途径实现共享共赢，需要形成相应的高职院校会计类专业产教融合共享机制。一方面要继续发挥产教融合发展战略国际论坛的强大影响力，通过平台汇聚更多的国内外高职院校会计专业产教融合经验教训和先进思想，并以书籍、报刊、网络等载体宣传共享产教融合发展成果；另一方面要办好全国性、区域性高职院校会计专业产教融合年会、论坛、研讨会，促进产教融合成果的流动性。同时，各高职院校要积极搭建校际合作交流平台，定期访问合作院校，通过专家邀请、管理经验交流、师资实训、进修访学等方式，深化校际产教融合成果，共享深度和广度。

第三章　产教融合实践体系下高职院校会计专业教学现状及问题分析

》》第一节　产教融合实践体系下高职院校会计专业教学现状分析

通过调查问卷，对产学研融合实践体系下高职院校会计专业教学现状进行分析。调研内容主要包括课程建设、教学方式、师资队伍、实训基地建设 4 个方面。

一、课程建设现状

本次调查向各高职院校会计专业学生发放问卷，并组织学生集中填写问卷，对于问卷的相关问题进行解答，并现场回收。教师问卷主要发放到各所高职院校会计专业教师的邮箱，采用电子问卷方式。本次调查主要以湖南省长沙市部分高职院校会计专业的学生和教师为对象。此次调查一共发出了 100 份学生问卷调查和 20 份教师问卷调查，剔除废卷之后，对有效问卷的内容进行统计，获得数据结果。回收的问卷中教师卷、学生卷分别为 20 份、96 份，有效率分别为 100%、96%。

（一）课程设置

目前的结果显示，长沙的高职院校会计专业的课程安排并未充分体现其职业特征。教学方式仍旧沿袭传统的课程框架，主要包括公共课、基础知识及专业课，对于新的就业环境下的会计岗位人员需求未予以充分考量。此外，课程规划的不当之处在于，它们的架构过于复杂且混乱，缺少必要的职业导向，这并不符合职业教育的培养目标，也难以满足企业工作岗位的需求。会计专业的课程系统构建依然基于企业的会计规章制度和会计标准，并依据税收法规制定税务课程，这就使得专业理论和实际操作能力未能有效整合在一起，学生在实训中难以实现会计理论与会计实践的结合，亦不能把税法理论与纳税行为相结合，甚至不能使理论与技巧互相融会贯通，结果是学生毕业后可能需要较长时间适应，或者接受企业特定的实训后才能够胜任具体的职位。

（二）实践课程建设

著者对于会计专业课程设置存在的问题进行了调查，其中占比最高的就是理论课和实践课比例不合理，42.9%的学生选择了这一项，40%的教师选择了这一项。36.7%的学生认为相邻学科内容过多重复，35.7%的学生认为课程知识陈旧，脱离实际。在教师问卷当中，有一半的教师认为在教材的选择上是不合理的，55%的教师认为课程知识陈旧，脱离实际。与普通本科院校的学生相比，高职学生学习底子本来就比较薄，在学习专业课、文化课过程中必然会比较吃力，接受一些难度较高的专业知识比较困难，再加上实践次数较少，相当一部分学生对课程失去了兴趣。

在会计专业实践教学的学习情况方面，著者也设计了 4 个问题，面向学生展开了相关调查。对于"当前的实践教学是否能够满足能力培养目标"这一问题，存在的分歧比较大，答案基本集中在"基本能够满足"和"不能满足"两个选项上，其中选择"基本能够满足"的有 31 人，占比 31.6%，而选择不能满足的有 67 人，占比 68.4%。可见，会计专业的学生对实践教学的认可度不高，与实际需求之间还存在着一定的差距，还存在着需要发现和解决的问题。

对于会计专业的学生而言，实践技巧至关重要。教育过程中，要在强调理论知识的同时，将实践技巧与理论知识相结合，并通过这个过程来培养学生的创新思维和能力。因此，实践教学的内容需要与理论性知识有良好的融合和衔接，否则不利于学生的发展。针对"您觉得会计专业的课程理论与实际操作是否结合得恰当？"这个问题，回答为"非常契合"的人数为 21 个人，占了总数的 21.9%，回答"相对匹配"的共有 31 人，占 30.2%，选取比例最高的答案是"普通"，共有 41 名同学选择了这个选项，占 41.8%，只有 5 名同学表示"没有完全整合"，占总数的 5.1%。从调查结果来看，目前大多数高职院校会计专业师生都能够认识到实践的重要性，并且希望增加实践课程的内容和数量，但是从结果来看，形势还是不太乐观，从学生的角度来看，大多数学生都认为自身的实践能力仍然存在着不足。

在实践课程的仿真性方面，一些高职院校为会计专业学生开设了"情景模拟实践室"，尽量为学生提供仿真性实践环境。尽管如此，仿真性实践环境与真实的工作环境仍存在着较为悬殊的差距，在仿真实践中学生面对的都是自己熟悉的环境、服务对象与合作伙伴，这与真实的工作有所不同，其仿真度并不高，削弱了实践锻炼的价值。与此同时，学校只是把实践课当成理论课的拓展，与真实岗位相脱节。所以，学生在上实践课过程中态度敷衍，没有意识到实践课对于职业发展的重要性，使得实践效果大大降低。

在开展实践教学时，需要运用一定的教学方法。这些方法的选择对于教学效果的优劣有着直接影响。以产教融合为主的综合育人教学，适合采用的实践教学方法有产教融合教学法、情景模拟教学法、项目教学法、案例式教学法，及任务驱动教学法等。在具体的教学过程中，教师可以将多种方法结合运用，来提升实践教学的效果。但是，从著者所做的调查结果来看，这些教学方法目前在会计专业的实践教学中尚未普及。此外，针对"你觉得现行的会计学科实操教育方式是否领先，能否调动你的求知欲望？"这个问题，只有19名学生选择了肯定回答，占总人数的19.39%，另外79名学生都给出了否定答案，占总人数的80.61%。可见，绝大多数学生都认为目前高职院校会计专业的实践教学方法比较老旧，不能够激发他们的学习热情。

（三）教材编写

通过调查结果发现，在会计专业教材难度方面，师生双方的问卷填写情况存在着一定的差距，学生把教材难度划分为五个层次，由"尤其困难"到"极其简单"。教师则把教材难易程度划分为三个层次，即"有较大的难度""难度中等""比较简单"。之所以要这样划分，就是因为学生的学习水平存在着较大的差距，学生可以根据自己的能力水平在这五个层次中做出合理选择。对于教师而言，他们有着较为丰富的教学经验，能较为客观、准确地把握教材难度，所以只划分为三个难度层次。从学生问卷填写情况看，2%的学生选择了"尤其困难"，1%的学生选择了"极其简单"，54.1%的学生认为"难度中等"，20.4%的学生认为"比较简单"，22.5%的学生认为"比较困难"。而65%的教师认为会计专业教材的"难度中等"，这与学生的调查结果相类似，结果表明湖南省长沙市高职院校会计专业选用的教材难度比较合理。教材的实用性就是指教材能否满足企业的岗位需求，能否产生较强的实践价值。在教材的实用度方面，著者也进行了相关调查，结果显示，认为教材"非常实用"的人数仅占 11.2%，16.3% 的受访者认为教材"比较实用"，有 30.6% 的受访者选择了"一般实用"这一选项。也就是说，认为教材"实用"的人数占比为 58.1%，但也有 38.8% 的受访者表示教材"不实用"、3.1% 的受访者表示教材"非常不实用"。对于学生而言，在他们获取知识的过程中教材应该发挥重要作用，但调查发现学生对教材的满意度刚刚超过一半，这反映出高职院校对教材的选择存在问题。

长沙市高职院校会计专业使用的教材，都是国家级行业协会编排的、国家级出版社出版的教材，具有较强的权威性，但这些教材与各个地区的会计实践存在着明显脱节。职业教育就是为了向周边地区输送技能人才的，这种选择教材的理念未免有些欠妥。时代的发展使得会计这一职业面临着新的挑战，如果学校在教材选择方面出现了失误，按照这样的教材开展教学活动，会使学生所掌握的会计知识与社会发展相脱节，培养的人才难以满足市场需求。学生从高职院校毕业后会直接奔赴各个岗位，他们不仅要掌握一定的理论知识，更需要具备良好的实践能力。学校使用这样的教材开展教学活动，不仅不能使学生的实践能力得到提升，还会削弱实践课的价值，不能缩短知识与技能之间的距离。从高职教育角度出发，虽然学校愿意承担服务经济发展的责任，但由于企业参与度不高，学校无法全面了解企业对人才的需求情况，就无法选择更合适的教材。

（四）考核评价

对于高职院校的学生来说，他们的技能提升应侧重于为未来的工作作好准备。这意味着除了需要掌握专业的理论知识外，他们还须高度重视课程评价机制的构建与实施。但遗憾的是，目前湖南长沙的多所高职院校管理层及教师并未足够关注到这一方面，在培养会计专业人才的能力时，他们往往忽略了相关教学评价方法的建立与执行，许多教师仍然沿用传统的方式来评定学生的表现，这也使得部分学校的教育质量无法得到有效的提高。

实际研究数据结果表明，当前的高职院校中对于与会计相关学科的主要评价方法有四种，包括开放式测试、封闭式试卷测验、实训性练习活动和小规模的研究报告写作任务。这四种方式的应用频率呈现出明显的差别化特征。其中大部分专业科目都是采取书面形式来完成考评工作的，而仅有一部分科目是以现场模拟或实训演练的形式来测评的。此外，虽然学校已经引入了一些新的题型，如实用型的问答题或者基于真实事件的情况解析问题，但这种新型试题并不能有效地反映学生的技能情况。使用这样的评分标准可能会让学生产生错觉，认为他们只需要课堂上学得扎实并且课后的练习也做得很好就可以获得高分，就可以证明他们的知识储备充足且具备相应的技术实力。比如，通过了"会计基础理论和实务"这门课的笔试，学生会觉得只要可以编制会计分录，便掌握了该项课程所涉及的技能和知识要点，这使得他们在实践技术考核中，表现得不够重视，多以应付为主，导致实践考核形同虚设，严重影响了学生在实践操作方面的能力，学校也无法实现实践教学的目的。

二、教学方式现状

（一）教学模式

在教学过程中，教师反映最大的难题是学生的水平存在着较大的差异。教学中，传统教学模式强调了一刀切的重要性，一些学生本身底子薄、能力差，而部分教师的教学方法不够灵活，难免会对其后续的学习产生不良影响；还有相当一部分教师的思想比较传统，只要求学生仔细听、认真记就可以，师生互动较少。

在多年的教学中，一些高职院校会计专业的教师围绕教材内容来组织教学活动，一直强调理论知识的重要性。因此，学生的实践能力培养成为薄弱环节。与本科院校相比，部分高职学生的素质存在一些不足。他们的基础较为薄弱，能力也不够强，特别是对于那些难以理解的枯燥的理论知识，往往无法产生兴趣，甚至可能会对教师的指导、教诲感到反感，从而形成厌恶学习的情绪。然而，当学生进入社会后，用人方不仅对这些员工的理论知识储备提出一定的要求，而且更看重实践技能和职业能力。当前学校的教学只局限于教材，学生即使掌握了这些知识也难以得到实践运用的机会，学生把这样的教学称为"纸上谈兵"。这种评价十分确切。对于会计专业而言，掌握理论知识后就要加以运用，如果长期得不到运用，学生掌握的这些知识就会渐渐遗忘，难以满足企业的用人需求。

（二）校企合作形式与层次

在校企合作方面，著者分别对实习岗位、课堂知识运用、教师对专业发展的了解、企业兼职教师对学生的帮助四个方面进行了调查。调查结果显示，在顶岗实习期间，认为自己的专业与岗位相符的学生占比为82.7%，也有13.3%的学生认为自己只是被安排到了与所学专业有关的岗位，还有4.0%的学生表示，学校只是随意为自己安排岗位，岗位与专业毫不相干。

面对"课堂中掌握的知识能否在实践中得到有效运用?"这个问题，选择"完全用到"的学生占比仅为30.6%，选择"大部分知识能用得到"的学生占比为40.8%，选择"只是用到了一点"的学生占比为25.5%，选择"根本用不到课堂中的知识"的学生占比为3.1%。

当问及"教师对专业发展情况是否了解?"这个问题时，选择"教师对自己的专业发展特别了解"的学生占比只有43.9%，选择"教师了解得并不多"的学生占比为19.4%。对于教师而言，自己先要做一名优秀的学者，才能向学生传递更多的理论知识，才能对学生的职业发展予以指导。但从这一题的调查结果来看，学生对教师的这种能力并不认同，只有不到一半的学生认为教师对专业发展情况比较了解，这给教师敲响了警钟。

学校与企业进行沟通，安排兼职教师对实习学生进行指导，对于"兼职教师是否对自己产生了积极影响?"，选择"有帮助"的学生占比为34.7%，选择"毫无帮助"的学生占比为2.0%。认为兼职教师"能及时对自己进行指导""对自己实践水平提升帮助特别大"的学生占比超过了一半，这意味着兼职教师的价值应该得到肯定。

著者再次对学生的问卷填写情况进行梳理，约1/3的学生认为自己在院校课堂学到的知识在实习中得到了运用，这说明当前高职院校的教学工作开展得并不理想，理论与实践脱节的问题十分突出，无法产生"教学与岗位对接"的效果。对于教师，不足五成的学生表示自己的教师对专业发展情况了解不够。因此，教师要适时参加实践锻炼，深入一线了解生产与管理情况，以此来提高教学水平与能力。相比而言，实习学生对兼职教师的满意度比较高，超过五成的学生认为兼职教师对自己起到较强的指导作用，希望他们能适当增加授课次数。

三、师资队伍现状

(一)教师实践操作能力

对于高职教育而言，教师最需要具备的就是良好的实践能力，如果不能保证这一点，则不能与学生分享最实用的经验和专业知识相关的真实情况，很容易导致学生获得的知识不符合真正经济发展需求的问题出现。教师的实践技能对会计的实践操作也很重要。随着会计专业的迅速发展，教师的专业水平也在进一步提高。如果他们不能完善自己的专业体系，无法了解市场对会计从业人员提出了什么样的要求，就会不知道从哪些方面入手培养学生的会计专业能力。

从现状来看，高职院校目前最缺乏的是学科知识和实践技能均具备的"双师型"教师。根据对教师教育理念和专业能力的调研结果，绝大部分学生都觉得专业教师的教学理念过时，教学技巧也不高，同时，他们普遍认为教师的教学态度比较一般，只有在学生遇到问题时才会提供辅导。除此以外，在专业课教师的实践操作方面，56.6%的学生认为自己的专业课教师具有较高的教学水平但是实践操作水平不高，仅23.6%的学生认为自己的专业课教师既具有较高的教学水平又具有较高的实践操作能力，9.8%的学生认为自己的专业课教师教学水平不高，但是实践操作能力较强，还有10%的学生认为自己的专业课教师教学水平和实践操作能力均较弱。高职院校会计专业教师的授课质量和实践技能的不一致性，在很大程度上与他们的教育理念和对待学生的态度有关。

许多教育工作者对"双师型"教师有错误认知，即只要拥有两个资质就能被视为"双师型"教师。然而，这并非完全准确，因为并不是所有具有这两个证件的教育者都能满足职业技术教育的标准。主要原因有以下两点：一是，一些教师在本科毕业后就进入高职院校任教，他们的理论知识储备丰厚，之后可能会因职位变动（或因学科需求），也可能是由于其现有资格和教授科目不符而重新获取相关专业的专业技术认证等；二是，部分资格认证考试更注重笔试成绩，实际操作分值较少。因此，即使一名教师通过扎实的理论研究获得这些资格证书，他也未必真正掌握相关的实践技巧。这种现象尤其体现在新聘用的教师或是工作年限较短的青年教师中。在应聘时为了达到学校的招聘要求，他们会通过学习理论知识来取得与其教学专业相对应的职业资格证书，但在实际工作中缺乏足够的实战经验。

（二）教师学历结构层次

虽然一个人学历层次的高低并不代表这个人的整体能力水平，但是，学历能够显示一个人的部分能力水平，如学习能力、文化素养及科研能力等。对于高职院校会计专业教师来说，学历是体现教学能力高低的一个参考因素。因此，著者在进行调查时，也针对高职院校会计专业教师的学历结构进行了统计，其结果显示，在全部教师中，获得博士学位的占比5.2%，获得硕士学位的占比72.3%，获得学士学位的占比22.5%。目前湖南省长沙市高职院校会计专业教师的学历结构层次以硕士和学士为主。虽然与以往相比，获得博士学位的教师人数有所增加，但是人数仍然较少，因此，采取怎样的方式来增加湖南省高职院校会计专业最高学历教师的人数，从而提高高职院校会计专业教师队伍整体的质量，是需要重点考虑的问题。

（三）教师职称结构

教师在校期间的付出是获取职称的关键因素，是评价教师学习能力的一个重要标准。在某种程度上，职称可以被视为衡量教师职业素质和教学技能的一项重要指标。著者所做的调查结果显示，在长沙市的高职院校中，拥有教授职称的会计专业教师占比为6.8%，拥有副教授职称的会计专业教师占比为35.6%，拥有讲师职称的会计专业教师占比为41.5%，助教占比16.1%。从中能够看出，有教授职称的会计教师所占比例较少，使高职院校会计教师的整体素质水平受到影响。

（四）兼职教师授课情况

企业的兼职教师一般拥有深厚的实际操作经验与较高的专业技术水平，对行业内最新进展有着深刻的理解，并能洞察企业的人才需要。在教学中，他们不仅可以胜任学校的核心课程或者实践类课程的讲授，而且能有效扩充学校的师资力量。调查结果显示，一些高职院校的会计专业课程主要由内部教师负责，较少聘请外部专家来教授。这样一来，虽然学生学到了基本概念，但对于未来职场所需的最实用技能并不熟悉。高职教育的最终目的是让学生通过在学校所学的课程获得职业知识和任职能力，以便为当地经济发展作出贡献。相比之下，企业更加重视员工的实战技巧，理论知识仅起辅助作用。在高职院校学习阶段，若学生能提前了解更多的企业人才需求标准，那么他们将会更容易规划未来的职业生涯发展。因此，那些具有相关从业经验的外部兼职教师，恰好满足了高职院校会计专业学生学习的需求。

尽管如此，在现实教学环境里，从企业聘任的全职教师相对较少。这主要是由于他们必须把企业的职责放在首位，既做教师又做企业雇员，可能会两头难以兼顾，且会因为学校的工作而影响其职业生涯。此外，高职院校引进富有实战经验的兼职教师，目的是让他们分享自己的工作经验并将其转化为课堂教学内容，但是，这些人并不是专业的教师，他们在备课和教学技巧方面还有待提升，且缺乏将职场经历转变为教学内容的能力。另外，兼职教师很少参加研究或团队讨论等工作，只专注于讲课，因此很难与校内其他教师保持良好的互动关系，从而出现教学内容与学校规定相悖的情况，或者所讲解的知识点超出了学生的理解范围等。兼职教师也没有对高职院校强烈的认同感和教育的使命感，所以对他们实施管理也存在困难。

四、实训基地建设现状

（一）校内实训基地建设

在"十一五"规划与"十二五"规划阶段，我国教育部积极推动高职院校实施以工作学习相结合为基础的教育方式改革，并鼓励高职院校加强与企业间的协作关系。这使众多高职院校纷纷投建实训基地，尤其是针对会计专业的动手操作与全面实践空间的建设更是如此。然而，尽管这些学校已经建立了大量的实训基地，但是仍然无法完全满足会计专业学生的实际实训需求。具体表现在以下三个方面。

首先，大部分高职院校拥有自己的实训场地，但实用性不强。因此，大多数高职院校都在积极创建自身的内部实习实训区。不过，很多高职院校的会计专业实训基地是由该专业的教师负责筹备的，并未深入了解市场需求，也未邀请企业领导来制订项目计划和评价方案，对于实训基地的大小、学生的容量、实践课程系统、使用效果、持续发展的可能性等方面未进行充足的考量，因而使这些实训基地的使用频率较低，无法充分发挥作用。

其次，单项实训基地多，综合实训基地少。当前状况下，大多数高职院校会计专业教学计划包括以下内容：第一学期，主要教授基础知识会计；第二学期，则侧重于财务和税务知识的学习；第三学期，重点在于成本与税费处理；第四学期，会涉及到财务管理、电子账务系统操作以及审计等相关领域；第五学期，最后一年则是关于管理会计、预决算制度以及税收策划等方面内容的讲解；而第六学期，通常被用作学生实际工作岗位的实习。各高职院校根据这个教学框架来设定每个学期的相关科目并开展相应的实操练习，从而建立了许多专门性的实训基地，例如，初级会计实训基地、税务实训基地、电子账务系统的模拟实训等。然而，这种针对特定专业的专项实训虽然能提高学生的技能水平，但可能会导致资源的不合理分配和资金的无端消耗。

最后，各个学校都独自行动，没有实现资源共享。目前，高职院校内的会计专业实训基地资源并没有实现充分共享，这体现在以下两方面：第一，同地区的高职院校会计专业实训基地都是单独建立和使用的，缺少跨学校的资源共享；第二，同样一所高职院校里经济管理类的实训基地也是分别设立并独立运行的，并未体现出学科之间的资源共享。这样的资源分配方式导致高职院校内的会计专业的实训基地被过度建造，无法有效发挥其实用性，从而增加了所有的高职院校会计专业实训基地的建设难度，造成了社会资源的巨大损失。

（二）校外实训基地建设

建设校外实训基地的主要目的是在校外实习中，让高职院校会计专业的学生全面实践，这是高职院校会计专业校外实训基地的核心任务。大多数开办了会计专业的高职院校已经按照《教育部关于全面提高高等职业教育教学质量的若干意见》（教高〔2006〕16 号）文件要求，和一些企业展开了深度合作并建立了一系列校外实训基地。然而，能真正提供实际且有用的会计工作机会的地方并不多，更别提实行轮流实习了，其原因有以下两方面。

其一，建立高职院校外部的实训场地存在诸多挑战和不足。约占总数 1/3 的高职院校设有会计相关课程并开设专门班次来教授这些知识技能，但企业对于保护商业机密的要求和接纳应届毕业生人数有限，导致校外实训基地难以构建起来，使得无法充分实现毕业生的需求与期望值之间的平衡状态。按照规定来看，高职院校应为学生提供至少半年在企业和校外完成工作经验积累的机会，并且还需要安排一次为期一个月左右全校范围的大规模集中式实地考察活动。但实际情况是大部分高职院校的跨级专业无法为学生提供适合的实习场所，而学生自身的社交范围有限也无法找到合适的实习单位。因此，在实习期，许多学生难以找到专业对口的实习地点，甚至只能去做其他工作来完成实习任务。这就导致实习形同虚设，无法让学生增长实际操作经验。

其二，校外实训基地产业分布不合理。相关研究数据结果表明（如表 3-1 所示），高职院校会计专业的校外实训基地的数量与其所属产业有着密切关系。得益于国内经济的飞速增长，金融、旅游等服务业随之迅速扩张，在国内 GDP 占比不断增大。经济学原理告诉我们，国家的行业化程度越高，往往拥有更庞大的现代商业和服务部门。而这同样适用于我们这个正在经历高速发展的国家，即当我们的社会进步速度加快时，那么作为"后盾"的服务型行业的份额也会相应增加。因此，可以预见未来几年内我国会计岗位的需求量会持续攀升。当然，尽管大部分高职院校已经设立了会计专业实训基地，但这些实训基地主要集中于传统的一、二线城市，并不符合目前我国产业发展的现状，无法有效地为学生提供有针对性的财务实战实训，导致他们毕业后的实际操作能力不足，降低了他们找到理想工作的概率，削弱了他们在职场上的竞争力。

表 3-1　高职院校会计专业的校外实训基地数量与所在产业的分布情况　　单位：个

产业分布	第一产业	第二产业	第三产业	合计
中、西部高职会计专业院校校外实训基地数量	10	8	6	24

第二节　产教融合实践体系下高职院校会计专业教育问题分析

一、人才供给与企业需求结构性矛盾

（一）企业对会计专业人才具体要求

结合近几年我国经济发展形势来看，中小企业对国民总收入的贡献率超过40%，对工作岗位的贡献率超过60%，这说明中小企业具有广阔的发展空间和十足的活力。而对于高职院校会计专业来说，毕业生的就业方向主要为中小企业。其原因主要有两点。其一，与大规模企业或集团企业相比，中小型企业会计方面的业务相对比较简单，因此对会计岗位人员的技能没有太高的需求。其二，与高等教育系统中的硕士、博士等类型的人才相比，高职院校会计专业的毕业生因为受教育的年限较短，薪资要求通常不会太高，而中小企业的经营规模有限，在人力方面预算也比较低，所以，高职院校毕业生的薪资要求比较符合中小企业的经济能力。虽然高职会计专业的毕业生受教育年限较短，但接受的却是以培养应用型人才为主的教育，具有较强的实践能力，所以，中小企业对这类毕业生的需求较高。以中小企业为对象，具体分析他们对高职会计专业毕业生的需求是非常必要的。

1. 中小企业对会计人才能力要求

会计岗位人员在企业中主要负责与会计相关的业务，因此，企业对会计专业的毕业生，较为注重其专业技能水平，如会计核算、审核等，并且需要熟悉与会计相关的政策和法律法规等。企业更注重会计岗位人员专业技能水平，主要是因为其工作内容较为复杂，需要掌握的技能较多。例如，在掌握账务核

算、数据统计、税费缴纳等基本操作技能的基础上，为了让工作能够顺利地展开，还需要会计人员同时具有良好的沟通能力、协调能力和表达能力。会计人员需要记录、确认、跟踪会计相关数据，与各部门都会发生较为频繁的接触，只有这样才能全面掌握企业的整体运作情况。会计人员还要承担起协助企业运营的职责，将自己从多个部门中获取的相关数据，向企业领导进行汇报，让领导及时规避风险以调整企业的发展方向。并且需要会计人员能够正确处理企业与工商、银行、税务、供应商和经销商等相关企事业单位的关系。

在当前市场环境下，众多中小企业纷纷开始采用高新技术装备，以不断提升自身的综合实力，走以技术为核心的发展之路，转变生产方式，加大资金投入，加强对生产方式及工作环境的改进，注重对先进科学技术的应用。当前时代是信息的时代和数据的时代，为了适应时代的发展，各企业都开始建设信息收集体系，将一切生产信息都录入其中，建立一个企业内生产、组织、储存等内部生产信息的网络，而后打通对外的接口，与金融机构、税务机关、销售企业进行信息的交换与沟通。在这种整体发展的情况下，企业构建的会计系统将不再是静态的，而是动态地展现出真实的数据，在这一过程中，将会出现很多全新的需要运用信息技术的岗位。基于此，在进行人才培养时，高职院校会计专业就需要有针对性地提高学生此方面的技能水平，针对目前在教学内容和课程体系中信息科技运用方面所存在的不足进行改进，有效提高学生对信息技术的应用能力，让学生能够在全新的岗位上获得更多的就业机会，进而发挥自己的能力，实现自我价值。

2. 中小企业对会计人才知识要求

在知识经济时代里，一个人掌握知识的丰富情况及将其转化为自身能力的程度，是其能在这个社会中获得成功的决定性因素。

目前，对会计岗位人员素质方面企业均具有较高要求，大多数企业都有这样的认知：会计岗位与其他岗位相比具有一定的特殊性，接触到的是企业的机密内容，往往需要承担一部分管理层的责任，因此，会计岗位人员不仅需要熟练掌握职务范围内的知识和技能，而且需要具备关注和获取其他专业信息的能力和分析能力，通过相关专业的动向，找出与本企业所在行业相关的信息，为企业作决策提供数据支持。另外，企业会计岗位人员工作的涉及范围非常广泛，他们与政府、银行、金融机构等都有着密切的联系与合作。因此，要做一个出色的会计，就需要能够满足企业所提出的多方面需求，除了应具备如计算机运用、专业理论知识等基础技能外，还需要掌握金融知识，以及与工作相关的政策和法律法规等。

从企业规模特性来看，高职院校会计专业的毕业生面向的用人单位为中小型企业。这种类型的企业因受规模限制，通常招聘人数有限，所以往往需要一个员工可以同时担任多个职位，或者能够胜任一个专业中的全部工作，而且要取得极佳的工作效果。聘用这样的员工，不但可以大幅度降低企业成本，而且有利于企业全面发展，方便企业统一管理。所以，现在的中小企业都愿意聘用全能型人才，因为他们不仅懂营销还懂专业技术。基于此，为了满足用人企业对于综合型、实用型人才的需求，学校在会计专业教育教学时，就需要注重人才的多样化培养，要打破单一的学科界限，使各学科之间能够相互协调发展，以培养综合型、实用型人才，提升学生各方面的能力，从而实现人才的全面协调发展。

3. 学历要求

中小企业还对会计专业的毕业生有学历文凭方面的要求。因为学生在顺利毕业前的任务就是进行专业知识的学习，如果无法取得学历文凭，则证明其连基本的学习知识的能力都不具备，自然也无法胜任对各项素质都要求较高的会计岗位。另外，会计从业资格证是从事会计职业所必备的证书，所以企业对此方面有要求。而且，高职会计专业的毕业生在刚进入职场时从事的通常是会计基层岗，所以顺利取得会计从业资格证书也非常重要。

综上能够看出，目前，企业对会计人才的综合素质要求较高，尤其是实践能力方面。

（二）会计专业人才供给与企业需求矛盾

当今，在我国现有的会计职业教育体系下，人才培养方案更多的是基于对学生进行知识体系培养。随着"1+X"证书制度的融入，对会计专业建设来说，高职院校也开始注重对学生专业知识与动手能力相结合的培养。目前从整体进展来看，培养进度仍然较为缓慢。会计专业的人才供给与企业对于会计人才的需求之间存在一定的矛盾，具体表现为以下两方面。

其一，因为大部分高职院校会计专业并未真正把握数字经济时代下企业的人才需求，特别是发展背景环境更特殊的中小企业的人才需求，未能很好掌握其战略发展目标，没有结合中小企业的用人需求来对学生的能力进行培养，学生在校期间不能对岗位的工作范围、内容等进行系统了解，所以产生的一个现实问题是，很多在校期间表现较好的会计专业优秀人才，在实际岗位中并没有发挥应有作用。

其二，鉴于高职院校会计专业是一个高度实用性的专业，它必须保证学生能熟练地理解与掌握相关的基础会计概念，并且具备足够的应变能力和创新思维能力来应对不断变化的市场环境。实行校企联合，可以有效提高高职院校会计专业学生的实践技能水平。这已经成为当前高职院校会计教学改革的主要趋势。然而，目前的实际情况是，高职院校对于会计专业学生的实践能力实训并没有系统规划，也没有充分重视他们的职业素养培养。理论学习和实践操作之间的比例失衡，一些实践方法未能跟上社会进步的步伐，导致许多高职院校的会计专业学生无法获得高质量的专业实践体验。此外，鉴于会计行业的敏感性和复杂性，企业往往不愿意把他们宝贵的实战经验分享给学生，更多的是采用讲课、参观、自我探索等方式进行指导，而不是直接教授学生如何处理具体问题。这种方式使高职院校中会计专业学生的实践能力相对较弱，难以适应现代数字化经济发展所带来的挑战，因而影响会计人才供给与市场需求之间的高效匹配。

二、在高职阶段教学中课本知识与信息化时代会计要求存在不一致

随着信息化的推进，会计专业正经历着重大改革，新型会计技术的应用逐渐替代传统的做法。然而，对比之下，现行的高职院校会计教育课程体系相对过时且改革进展缓慢，暴露出诸多问题。因此，我们不能仅局限于对当前知识的学习，还须注重培养学生的终身学习能力，以便学生更好地应对未来社会的挑战。目前，高职院校的会计课程存在如下三方面问题。

第一，现有的教育方式未能平衡理论学习与实际应用的比例。对高职院校会计专业的学生来说，他们的职业素质主要由坚实的学科基础和出色的实践技巧组成。然而，目前高职院校会计课程更加重视知识体系的构建，在实践方面的时间投入相对较少，更加强调会计课程的理论学习，教学内容的实用性和针对性仍有待提高，尤其是在指导学生掌握实操技术、策略和部分业务流程方面。目前，高职院校的会计专业教材往往脱离现实企业的需求，存在严重的信息不对称问题。高职院校会计专业所采用的实践教材，要么是从市场上购买

的，要么是由学校教师自己编写的，但不管是哪一种，内容都相对陈旧，无法与现实中企业的会计业务紧密结合。而且从内容形式来看，大多数教材内容都是以会计核算为主，内容非常单调，很难完全适应学生的实践需求。除此之外，在教学中，由于过分强调了计算机的主体作用，造成学生在现实中面对有关会计职业方向时，不知道如何判断。

第二，近几年，我国经济发展飞速，新时代下社会对人才的需求发生变化，而我国高职院校所使用的教材多数已不能与时代的变化相适应，存在滞后问题。受限于会计专业教材的滞后性，课堂教学在内容安排上通常是以会计法规和理论为主导，辅以实际操作，很少结合案例。尤其是最近几年我国出现了大量的会计新业务，会计制度和会计准则也出现了巨大变化，但是所采用的教材无法及时升级，许多内容没有跟上社会发展趋势。同时，当前的教育资源仍然主要依赖于图书，缺少多元化的教育工具。尤其是随着信息科技的进步，会计专业的知识已变得相当广泛，学生的求知欲望和获得信息的渠道也发生了变化。相较之下，传统教材显然无法与网络课程或视频材料等新型教育素材竞争，对学生来说吸引力较低。目前，会计专业教材还存在着学习主题与职业目标相脱节的情况，许多应届毕业生的主要求职方向是中小型企业会计岗位，但教学过程中所使用的教材大多以一般纳税人为重点，这使他们在毕业后难以运用所学知识。因此，学校选择教材应考虑未来毕业生的工作情况，挑选出适合学生的教材。

第三，当前，会计教育存在着内容的断裂性和无序化问题。从初学者至高阶学习者各个阶段所涵盖的学习内容，既有交叉部分又有独立且跨越专业的部分；其教学结构采用的项目模式并未明确地划定界线，且不能为学生的能力建设提供有力的支持，无法有效建立起基于实务能力的框架系统。学生进入职场后，会面临长时间的专业任务处理过程，而非短期的实习期内完成某项特定事务的过程（如每月/每年的账目核算），因此在职业生涯发展中他们需要具备持续的且需要持续保持一致的行为方式及思维习惯。然而，目前的教育材料仅提供了单一案例来解释这些概念，而不涉及完整的理论阐释或者具体实施步骤等问题，使教师难以将课堂上的知识点转化为现实中的应用技巧，影响了学习的实用效果。总而言之，上述问题的根本原因在于教材未能充分反映实际情况，使学生很难把课本上学到的原理运用于真实的商业环境之中。所以一般情况下，学生都需要经过一定时间的实训才能开始从事一些基本的企业财税管理工作。

三、课程设置与技能竞赛脱节

"十四五"时期，我国经济社会发展必须遵循的原则之一就是贯彻求职优先策略。在实际办学中，仍存在以下三方面问题。

第一，没有将"以赛促改"职业教育理念融入教学管理系统中。湖南省教育厅举办的会计技能竞赛，旨在通过竞赛将会计行业的新规定、新核算办法引入会计教育中，让高职院校了解企业实际的会计工作流程、知识、技能，以及企业新的发展动态等，了解会计行业对人才技能的新要求，从而促进学校教学内容、教学方式的变革，培养出高水平的职业技能人才。目前，多数高职院校会计专业中"以赛促改"的职业教育理念没有发挥出实质作用，与技能竞赛的初衷相悖，这里有三个原因。

首先，高职院校对"以赛促改"这一高职教育思想的理解深度不够，在思想层面上没有给予足够的理解和足够的关注。目前，多数高职院校参与"会计技术竞赛"的目的比较简单，主要集中于对参赛学生进行集中技术实训以提升专业水平，而并非借助竞赛来提升全体学生的技术水平。参赛学生不是通过院校内的竞赛选拔的，而是由本校教师自行挑选的。为了提升竞赛的效果，学校对参赛学生进行全封闭式实训，而其他学生则不能参加实训活动，导致并不是所有学生都能够从技能竞赛中获益。事实上，无论是高职院校还是会计专业的负责人，都对举办技能竞赛和参加竞赛的真正目的缺乏理解，教育部门积极地举办竞赛，是为了贯彻"以赛促改""以赛促学"的精神，推动院校结合竞赛内容改革课程，进而让所有学生都能够受益，将职业教育精神与教学活动深度融合。其次，虽然多数高职院校看起来较为重视竞赛，但实际上更重视的是结果，而不是过程。随着我国对高职院校关注度的不断上升，从教育部到各省的相关部门，甚至各高职院校的内部，都如火如荼地开展着专业技术竞赛。整个会计行业和各企业对技术竞赛的重视程度越来越高。尽管如此，学校关注的是学生参赛是否能获奖，学校的教育方式并未达到"通过竞赛促进学习和教学"的目标，这也远远偏离了技能竞赛推动职业教育的变革这一最终愿景。再次，对"以赛促改"的职业教育理念认识不足。应把"以赛促改"的思想融入教学改革和实践中，不断地推进高职院校的教学和管理体制改革，推进高职院校的课程体系和教学模式创新，推进高职院校的学生成长和教师的培养。由于观念落后和执行不力等原因，高职院校"以赛促改"工作并未取得预期成效。当前，我国的会计专业的教学内容仍然以会计核算为主，忽视基础技能的培养。课程设置具有重复性，与基础技能相关的课程课时过多，与高技能相关的课程课时过少。整体课程体系的设置不够科学，部分竞赛相关的内容没有融入课堂。会计岗位人员专业素养的教育不足，导致了应届毕业生的心理状态不佳、团队合作意识淡薄等问题。最后，在以往的大赛中，各高职院校往往更青睐经验丰富、成绩突出的优秀领队教师，而不愿对新任教师进行重点实训，这易导致师资"断层"，使得与"以赛促教"的目标相去甚远。在辅导的过程中，师生没有与企业或产业中从事第一线会计职业的工作人员相联系，便不能理解企业所需要的内容，以至实际操作方面能力严重欠缺。

第二，缺乏课赛融合的课程体系与教学计划。首先，会计专业课程体系以理论知识为主，课程内容过于广泛且多而杂，重点不突出，实务技能太少，忽略了高职教育自身的特点及学生的学习能力。高职学生应具有的专业技能培养不到位，导致学生学而不精，没有专业特长，实战能力差，无法凸显高职学生会计技能的优势，造成资源浪费，因而无法满足社会对高职会计人才的需求。其次，课赛内容融合度低。在现有课程体系设置和竞赛内容的融合方面，许多高职院校会计专业的学生都认为平时的课程设置与竞赛内容联系不大，课赛融合的程度较低。再次，大部分参赛学生都认为竞赛的难度较大，设置的内容更趋向于综合性的知识考察，且内容非常细致。相比之下，课堂上传授的内容非常简单，在实践技能方面也缺乏足够的实训。竞赛涉及知识面广，包含了注册会计师考试内容。这部分知识难度大，平时在课堂上教师并不将此作为讲授重点。随着大数据技术的广泛应用，大部分赛项都融入了新内容——大数据，这对会计专业的学生是个挑战。由此看来，高职院校在会计专业教学安排上没有充分考虑学生的参赛需求，使得一部分学生对竞赛望而却步，一部分学生没有取得好的竞赛成绩。课程和竞赛之间的内容融合度低，参与竞赛的学生普遍基础差、知识储备不足，因此需要他们通过更多的实训才能掌握基础理论知识与技能，而这样必然会挤占中级、高级实训的时间，导致实训效率低、效果差，影响竞赛成绩。最后，教学计划安排不合理，理论与实践相脱节。实践课就是做课后习题，实践课安排在后期，没有真正实现理论与实践一体化。

第三，教学模式老旧，缺少"理实一体，赛项融合"的现代教学模式与配套设置。目前，多数高职院校的教学模式是比较传统的多媒体授课方式，赛项内容无法充分融入教学过程中。理论知识与实操实训脱节，教师在讲台上讲授理论知识，学生的学习积极性不高，实际操作动手能力差。多数高职院校的实践平台不足，实践软件配套不够，没有充分利用线上线下混合教学模式，未能充分利用网络教学平台与竞赛实践平台来提高学生的实战技能，导致赛项内容没有融入教学过程中，使得"以赛促改"的实施进一步受到限制。

四、实践教学开展不足

在高职院校中，对会计专业的人才培养目标是，提升学生的实际操作技能，培养具备综合性技术能力的人才。基于这样的人才培养目标，在教学过程中会计专业越来越重视实践性教学部分，总体看来，其中仍有一些问题需要解决。

（一）实践课课时分配不均

对于高职院校而言，在会计专业的课程安排中更倾向于强调传统的会计学科（如会计电子化管理、现金管理和成本核算等）内容，并未根据全面培养人才的目标来构建课程结构，也未对与之相关的数据分析及信息科技技能有足够的重视。在现有的课程设置与课程体系教学下，学生只能够担任一些简单的会计核算和分析工作，无法胜任现阶段高速发展的智能化会计工作。一方面，理论课程缺少相关智能化内容。在课程安排上，大多数高职院校缺少计算机信息技术基础内容，缺少人工智能学习方面的创新意识培养，不利于学生的长远发展。另一方面，实践课程大多设置为相关软件的应用等方面，但学校没有提供学生最新的软件学习，也无法将学生的实际课程内容和社会对人才的需求方向相连接，导致课程设置不够完善。

当前，大部分高职院校还受传统教学理念的影响，在教学安排上仍以会计专业的课堂教学为主，所以学生在校的大部分时间，都在课堂学习。而让学生提高综合能力、积累经验的实践性教学，通常都是被安排在学期末的几个星期内，在整个学期的课时中占比极少。并且，在每个学期的最后几个星期，学生通常都会专注于期末考试的复习，所以学生对于实践课通常都是应付了事，不够重视。此外，从教师方面来看，很多高职教师自己并没有实际的工作经历，更有一些教师把实践课程完全交给学生自己动手，教师仅作评价和监督。如此，在教学中，教师无法很好地模拟实践过程，从而影响教学质量，实践课难以达到预期效果。以上种种原因使实践课的教学质量与效果通常较差。

（二）缺乏优质实践环境

优质实践环境是高职院校大数据与会计实践课程的重要支撑，主要包括思维环境和教学环境两个方面。

在整个实践教学课程实施过程中，思维是实践的基础。没有结合学生自身的水平和兴趣有针对性地开设会计实践教学课程，更没有对课程进行专业的指导，这对学生有百害而无一利。并且，一些高职院校在大数据与会计实践方面把大多数人力、物力和教学资源投入到基础设备建设上，虽然看起来为学生打造了优质的实训环境，但没有付诸实践，这也不利于学生的专业学习。

除此之外，高职会计专业的教学实践环境设施存在着不足，主要体现在教学方式和教学设备落后两方面。我国高职院校多为地方院校或新建院校，其中大多数是由原本的专科学校、高职院校和中等高职院校通过"改、补、并"等方式建立起来的。其自身的硬件条件相对薄弱，加之其所属的高等教育体系正处于一个快速发展的阶段，因此，实践课程的建设与学校的整体发展相比就显得有些滞后。此外，地方院校还会受到当地财力的制约，有的地区只有少量的教育经费，只能保证基本理论课的进行，而无法保证实际操作课程的顺利进行，没有多余的资金用于建设教学环境和设施。这些因素都会影响会计专业人才培养的质量。从专业课程来看，几门关键技术课都需要有相应的会计电算化软件、实训基地等来支撑。但是，目前多数高职院校都因为建设资金缺乏，导致实践方面的环境和设施建设相对滞后，会计电算化软件缺乏仿真性，校内的实训基地形同虚设，无法发挥仿真实训的效果。

（三）实践活动薄弱

会计专业融合了理论与实践。在新的人才培养目标的推动下，社会、企业对高职院校毕业的会计专业学生期望日益提高，尤其需要他们具备优秀的会计实践技能。

大部分高职院校都在校内设立了会计仿真实训基地和校外会计实训基地。虽然在意识和观念方面，学校对学生的能力培养投入了更多关注，但是，在会计专业实践中，大部分高职院校还是以强化理论知识为主。例如，让学生依据给定的会计任务来填写初始凭证、制作记账凭证和登记账簿等，这些都是最基础且简单的会计操作。在实践教学过程中，往往没有重视对学生创造力的培养，因此，在现实工作中，在面对具体财务问题时，毕业生不知道该如何去解决。这与企业对毕业生的需求存在着一定的差距。

总体而言，当前会计专业的实际应用场所仍然有很多限制，所以，建立实训试验场地已然成为高职院校培养会计人才的关键步骤。唯有通过这样的场地进行大量实践活动，才能更有效地提高学生的技术和技能水平，从而对区域经济发展作出更大贡献。

五、"双师型"教师队伍建设薄弱

会计专业是我国高职类院校的主要专业之一，要想真正提高教学质量，就必须注重提高师资力量。师资力量对于教学质量有着显著影响，对于培养相关专业人才发挥着重要作用。想要真正提升人才的培养质量，就要从教学团队出发，提高会计专业相关师资团队的专业水平。从现状来看，会计专业在"双师型"教师队伍的建设方面还存在着一些薄弱之处。

（一）"双师型"教师体系并不健全，师资队伍间缺乏合作

近些年来，我国教育部门针对目前高职院校教学队伍中普遍存在的问题，颁布了相关建设措施，并提出"双高计划"。这为实现高质量教学团队的建设打下坚实基础。师资团队间的协调合作对于提高教学质量有着较大帮助，但是，一方面目前师资队伍间仍然缺乏足够的合作；另一方面，很多高职院校为了满足不同专业的要求，多次对其师资队伍进行分割和划分，这使得会计专业师资队伍变动大，不利于师资队伍的团结合作，从而无法真正建设一支高质量、高度团结的师资力量。另外，教学团队内人员变动幅度也大，导致教学团队缺乏足够的团队凝聚力，并且他们在职业信仰和认同感上存在差异。这些都限制了会计专业师资队伍整体质量的提高。

（二）"双师型"教师建设中存在一些显著问题

具体表现为以下三个方面。第一，对"双师型"教师的含义还没有形成共识，缺少统一的评价标准。在产业融合背景下，各个行业均呈现复杂多变的特征，"双师型"教师的含义在一直变化着。目前还没有统一的标准来评价一个教师是否是"双师型"教师。第二，现有的职称评审制度对"双师型"教师的指导意义不大，缺少相应的激励措施。目前，采用的职称评定制度一直备受争议，因为高级职称的数量有限，这种制度一直没发生太大变化。而且，在评审的时候，个人的奖项、论文、研究项目等，占据很大比重。第三，目前我国高职院校会计专业的"双师型"教师，在校企合作中的实践成效不显著，无法充分发挥其应有的作用。会计专业校企之间的相互交流实质上仅是一种形

式，而缺乏实质性协作。

（三）许多高职院校并未与相关企业签署合作协议

许多高职院校无法针对所需岗位进行实训，实现生产力与教学方向的结合。通过高职院校与相关企业的合作，提高相关专业教师的职业技能，是建设"双师型"教师队伍的关键。针对高职院校人才培养上存在的问题，我国教育部门颁布了相关方案。方案要求高职院校需与相关企业达成战略合作关系，通过实训资源和专业信息共享，将企业的需求准确地融入相关专业的教学内容中，真正提高相关人才的专业技能。同时，在高职院校与相关企业达成的战略合作关系中，要以相互共享、相互开放、合作共赢为目的，进一步提高相关专业人才的能力水平，实现输出人才满足相关企业职位要求的目标。但是在现阶段，许多高职院校并未与相关企业达成合作关系，高职院校缺乏与相关企业的联系，使得高职院校会计专业的教学内容不能满足企业内相关职位的要求，不利于会计专业人才的就业和专业能力的培养，不利于师资队伍建设。对于这些问题，我国教育部门颁布了相关教育改革实施方案，针对校企缺乏合作的情况，提出通过鼓励相关企业内技术人员与高职院校师资团队的交流，加强企业与学校的联系，更好地将相关专业职位的需求融入人才的培养内容中，反向促进师资质量。然而，在实际应用中仍然存在诸多难点，其主要原因是我国针对这一机制的相关规范还有所欠缺，无法完全发挥兼职教师的作用。另外，高职院校与相关企业，针对兼职教师的激励机制并不完善，无法充分调动会计专业相关技术人员和教师的积极性，难以达成深度有效的校企合作。因此，在今后的改革中，要重视并解决这些问题，以推动校企之间的合作，实现建设"双师型"教师队伍。

六、评价体系不健全

从评价体系建设现状来看，高职院校会计专业还存在着以下不足。

第一，注重理论考核，忽视实践能力测评。在高职院校中，对会计专业学生进行考核，主要包括理论考核和实践考核两个方面。理论考核一般可以通过书面形式，但实践技术的考核就比较困难。大部分院校对于实践教学活动，并没有建立起标准的质量评价体系。当前，许多会计专业的教学评价主要依赖于期末考试。然而，仅凭一张试卷无法全面判断学生对于该专业知识的理解程度，更难以精确地衡量他们的实际操作能力。这样的方法与高职院校的实训宗旨相背离。在传统的高职院校会计专业人才培养评价机制中，学校并没有重视学生会计职业资格技能的掌握情况，因此，所展开的人才培养评价活动也不够全面具体。学校对学生的会计课程教学活动展开的是单主体的评价管理，而不是多元化评价，因此，这些评价方法无法将理论知识与实际操作相结合，更无法提升学生的职业技能。

第二，过于看重终结测试，却忽略了整个过程评价的重要性。对于会计专业的相关科目，大多数高职院校采取期末考试分数加上日常表现得分的方式进行评价，而与日常评分相比，期末考试评分的权重更大。会计专业学生的科目成绩都是通过"期末考试分数×70%＋日常表现得分×30%"算出的，这样的评分设置使学生更加专注于期末考试，而忽视平时的小型阶段性测验，导致学生在期末临时死背知识点就可以获得优秀的成绩，降低了他们对这些课程学习的主动性和热情度。如此，学生根本无法掌握主要会计知识和技能。

第三，考核评价机制较为单一。这种情况使教育和技能在提升和需求之间存在脱节问题，尤其是在"1+X"证书制度下，高职院校会把专业的资质认证视为评价学生专业技术能力的核心指标之一。实际情况是，教师授课、学生听课的传统教学方法仍在使用。然而，许多高职院校并没有为所有学生提供参加全面考核的机会，只是挑选部分表现优秀的学生参加专业资格认证，这大大削弱了这些证书的一致性和普遍适用度。因为学生缺少考证动力，所以教师将其作为评选奖金或补助金的标准依据来激励学生。这样不仅不能充分发挥证书制度的作用，而且不能有针对性地提高学生们的技术水平。

七、校内外实训基地建设欠佳

（一）校内基地建设问题分析

1. 投资少且投资主体单一

当前，我国高职教育投入与一般教育投入相比还很少，财政投入力度与高职院校发展速度不匹配。与理工科专业相比，文科属性的高职会计专业被公认为是一门"万金油"学科，投入少，收益少。这势必对高等职业学校的管理人员在教育资金配置上产生很大影响。加上近年来高职院校会计专业的招生人数不断增加，本就捉襟见肘的会计专业专项资金变得更少，用于校内实训基地建设的资金也随之减少，实习基地的数量和质量无法得到保证。目前，我国的职业教育资金仍以政府财政拨款为主，社会对其投资甚少。政府财政资源是有限的，而本身作为最大受益者的企业却投入很少。这样一种投入主体单一的职业教育模式，对高职院校会计专业实习基地的建设造成了很大的阻碍。

2. 构建定位不合理

在高职院校建立校内实习基地的目标非常明确，就是让学生在实际工作中获得更多的动手能力。目前，校内实习基地无法满足学生训练，其主要原因之一是没有按照建设的初衷进行设计。在建设校园实习基地前，学校通常会预先进行严格的立项论证。然而，很多学校的立项论证程序不够完善。比如：在立项前就没有做好各种的调查研究工作，对自己学校和其他学校类似实训基地的使用情况和设备的性能等缺乏足够的认识；不能很好地理解企业目前的财务运营模式；在立项论证的时候，没有将各方的意见和建议都吸收进来，忽视了学校实训课程体系、实训基地资源的共享性和使用的长期性，造成校内的实训基地闲置，资源浪费。

3. 专职教师素质结构缺陷

近些年，随着高职院校的会计专业迅速发展，学生数量和学校规模都在迅速扩大。然而，尽管专业教师的人数也随之增加，但整体素质仍然相对较弱。这与高职会计管理的现实需求和未来发展的期望存在着很大差距。

首先，教师人数仍显不足。根据教育部规定，每班学生应该配有至少一名教师，但许多高职会计专业的师生比例却远未达到这一标准，导致教师被迫承受繁重的授课任务，无法抽身投入研究、创新和实践之中。其次，真正意义上的"双师型"教师占比很小。"双师型"教师不仅须满足基本的教学职责，还须具备一定的实操经验，这种特性是高职教育区别于其他类型教育的关键所在。部分高职院校为了应对评测等压力，将参加短期实训或者填写了实习表格的会计管理教师视为"双师型"教师，使得这个师资队伍看似庞大，实际不然。最后，师资力量的获取途径较为狭窄。当前，我国高职财经类专业教师主要来自普通的本科毕业学生和合并的中等专科学校的教师，来自企业的专业人员极少。因此，师资的获得方式有限且师资力量分布不均。高职院校教师应特别注重自身的实践经验，因为在建立校内实训基地时，教师自身素养的不完善会直接影响实训基地的教学品质和使用效果。

（二）校外基地建设问题分析

1. 校企合作对象选择不合理

在建设高职院校会计专业校外实习基地时，可以在一二三产业中进行选择。然而，由于会计工作的特殊性，很多公司都不愿让外人看到公司的财务数据。在被强迫合作的情况下，公司往往会表现出冷漠和不主动的态度，形成了"校热企冷"的局面。此外，企业接受实习会计的人数也是有限的。一般来说，企业财务部门所设置的会计岗位的数量与企业规模有直接关系。在规模大的企业中，会计工作岗位就多；而在小企业中，则只有少数会计岗位，可以一人多岗。不管公司的规模有多大，对会计岗位人员的需求都不如生产和加工企业招收的一线员工多。再者由于会计部门的工作地点有限，一家公司最多只能招收十名毕业生，无法满足一百到两百名学生的校外实习。目前，不少高职院校已经建立了一些会计专业的校外实习基地，但大部分都是由教师通过自己的人脉建立起来的，没有达到校企合作共赢的目的。产教融合的最终目标，在于将教学与生产实际结合起来，通过教学促进生产，实现学校与企业的"双赢"。高职院校与企业之间的合作可以提高学校的教学效率，而企业则可以通过与学校的合作获取人才优势。由于会计专业人才的买方市场较大，企业对会计岗位人员的选拔具有很强的随意性，通过校企联合培养会计人才，对于企业来说意义不大。此外，企业的目的是实现利润最大化，因此，高职院校会计专业校外实习基地的建设，必须让企业获得实实在在的收益，才能实现两者的共同发展。因此，高职院校在选择实习基地的合作伙伴时，必须把这一点作为前提。与一二产业的企业相比，第三产业的部分企业更适宜建立高职院校会计专业的校外实习基地。

2. 缺乏资金和政策支持，导致学校与企业合作存在问题

在《国务院关于大力发展职业教育的决定》以及《教育部关于全面提高高等职业教育教学质量的若干意见》中，均明确提出了走"校企合作""工学结合"的道路，这是当前高职教育改革面临的重大挑战。但在我国高等教育中，有过半的高职院校未获得与普通高等院校同等的教育投入，学校与企业之间的合作缺少经费保障。此外，在产学研结合方面，国家还没有出台相应的政策、措施。教育部门鼓励高职院校开展校企合作，创新校企合作的新方式，但并不能因此约束企业，企业也无法从高职院校会计专业的校企合作中获益。因此，大部分企业不太愿意让高职院校会计专业的学生来学习和实习，国家已经出台的部分政策给高职院校的校企合作带来实质性的帮助并不大。缺少资本和政策的支持，加之学校专业经费上的不足，导致了高职院校对会计专业校企合作构建校外实习基地不重视，忽视了其合作本质，只关注合作数量，而不考虑是否发挥了会计实习基地的功能。

3. 校企合作缺乏相应管理制度

很多高职院校都有一种片面的认识，即实习就是给学生提供实习岗位，当学生到了实习岗位之后，一切都是公司的事情，学校不需要对学生负责。而企业却认为，学生还没有毕业，他们在实习过程中，仍然由学校管理。由于双方对此没有达成共识，学校和企业之间对校外实习的管理便存在缺失。从长远来看，企业觉得学生很难管理，学生的培训与企业的发展本身就没有太大联系，因此会将学生的实习看作负担，企业便越来越不愿意给学生提供实习机会。

第四章 国内外产教融合职业教育
成功经验及启示

≫ 第一节 发达国家产教融合职业教育成功经验及启示

一、发达国家高职院校产教融合教育模式实践

（一）德国"双元制"模式

德国"双元制"高职院校的实施始于 1996 年，是由德国科学委员会提出、批准的关于高职院校转型至"双元制"教育模式的提案。该提案有力地推进了高职院校与企业联合开展"双元制"职业教育的模式。这种教学模式的核心在于其"双元制"特性：一方面是学校的课堂授课，另一方面是企业的实际操作训练。这使两者互补共进，产生了显著的教学效果，并在全球范围内产生了广泛的影响力。近几年，德国特别关注高等技术职业教育对于地区产业发展的影响，尤其强调高职院校与企业的紧密合作关系。为此，他们制定了很多相关政策支持产学研一体化的进展。"双元制"模式不仅提升了高等职业教育水平，而且极大地推动了当地产业的整体发展，进一步助力全国经济发展和社会进步。

在人才培养上，该模式明确提出培养应用型人才的教学目标，为企业发展培养所需的"专用人才"，而不是"通用人才"。其教育活动紧扣实际工作需求并采用定制化方式来为学生提供实训。企业向高职院校提供他们所需要的人才类型及其标准，高职院校会依据这些标准为之设计相应的实训计划，以满足企业的要求。首先，让学生从基本原理开始学习，以便掌握一定的职业技能；其次，通过企业的实习经历让他们进一步提升自己的能力，体验最先进的产品

和服务设施。这样既降低了高职院校的育人成本，又增强了学生的适应力，使其能更好地融入职场生活。对于专业发展的构建来说，由行业内人员亲自指导并制定专业课方案，明确包括实训基地的使用方法、实训的时间长度等细节问题，也包含考核方式的选择等问题，要由校企双方一起商量确定。

高职院校的教师则主要分为三类，即全职教师（主导讲授）、兼任讲师（侧重点在于提高实战技巧），还有一些行政工作人员。这三者之间相互配合形成了一个完整的团队，使整个学校的运作流程变得更顺畅且有效率，同时保证了一流的教育质量。高职院校采用小组化的教育模式和研究导向的策略，积极运用"行动引领型教导方式"与"任务驱动的学习技巧"策略。在传授基础概念的同时教师鼓励学生亲自动手参与实训活动，并且注重学生的主动性，教师则作为辅导员或顾问的角色。此外，通过基础知识测试后，学生便可以进入企业实习工作岗位去接受职业技能实训。在校时他们为高职院学生，到校外则成为初级员工（实习生），这种角色的转变有利于他们综合能力和专业技术水平的提高。学生的实践操作主要在企业内部完成，由企业负责组织并在过程中进行指导，同时学校内部引进了许多先进的教学设备，以便在课程学习时学生可以直接接触到相关的机器设备，增强学生机器操作的熟练程度和速度，保证学生毕业上岗后能快速适应岗位的技能操作要求。通常情况下，学校的教育计划会结合企业需求来制定，并以实践为基础对学生的学习成果及职业技能进行评价。这种方式使毕业生不仅掌握了专业的理论基础知识，而且拥有了实操经验。因此，他们可以在毕业后顺利地进入职场，实现自我价值。

德国的教育制度成功地把教育的实施同当地经济发展的需要结合起来：在学校里完成基本的学习任务（包括基础知识及技巧）之后，接着就签订合同进入实际岗位实习，这使学生既能掌握书本上所学的概念又能获得工作经验，同时有助于满足新产业对实用高级技工的需求，从而作为带动地区经济发展的重要支撑点。

（二）美国"社区教育"模式

在美国，社区教育被视为初等高级教育的一种方式，其运作依赖于建立的社区学院。社区学院向当地居民和机构提供教学服务与设施。美国的产教融合项目正是由社区学院推动实施的，社区学院的发展壮大为其提供了坚实的后盾。相较而言，美国社区教育的准入标准较为宽松，对年龄的要求偏低，且费用适中，因此它担负了美国的大部分职业实训任务，成功培养出大量专业的技能型人才。以下是美国社区教育的一些显著特点。

首先，来自官方的指导方针。美国的政治领导层对职业技术的教育投入非常重视，并制定相关法规来推进该工作的开展。他们致力于实现行业、教学及研究三者的紧密结合，以便更好地满足当地产业发展对高级技能型劳动力的需求。早在 1963 年美国就设立了一个名为 Cooperative Education Council（合作教育委员会）的机构专责处理有关生产、学习、研发的相关事务。为了确保社区学院能获得稳定的资金来源，在 20 世纪末期美国又通过修订后的 *Higher Education Act*（高等教育法）加入了一些关于协同发展的资助条款。此外还出台了一系列如 *Vocational Education Law*（简称 VE，职业教育法）及其修改版等相关规定，进一步完善技术专业的管理制度。这使社区学院的执行过程更具标准化且合规，从而吸引更多的民间资本参与其中，助力这种教育模式的持续进步。

其次，美国的社区学院始终坚持"根植当地，服务本地"的原则，并以此作为准入门槛，确保学生能够方便地进入学校就读，极大地简化了学生的入学手续，为其职业教育的实施创造了良好的环境。此外，他们还在校园周边的企业中招聘相关的兼职讲师来组建专业技术咨询小组，这些兼职教师来自企业本身，对企业的需求有着清晰的认识，因此，他们的教学内容是根据企业实际需要的专业方向而制定的，从而实现了专业的定向实训。这种人才培养方式不仅提高了学校与企业的合作关系，使人才培养的标准更符合企业的用人要求，而且精确的目标有助于推进社区教育的发展，也为产教融合的工作打下坚实的基础，助力社会的经济发展。

最后，美国的社区教育拥有丰富的教学方式，且重视实务与理念相结合的学习方法。各学校采用各种类型的职业实训结合的方式，来满足各类人群及特定专业的需要，以提高他们的专业技术能力。其中最常见的是"平行式"和"交叉式"，还有一些如"两阶段制度""实训—学习研究—体化"等，这些举措旨在让学生能更好地理解，并应用他们从课堂上学到的概念，从而使他们在未来的职场生涯中更具竞争力。这种混合型课程设置，不仅可以让学生学到必要的基本原理，而且能熟练地操作相关工具设备，这对未来就业来说是非常重要的。同时使那些正在学习的学生，有机会亲身参与项目，并在实战中获得更多知识，进一步增强他们的实用性技巧和灵活度。因此，在这种教育模式下的毕业生，无论是在技术上还是在业务方面，都能胜任自己的岗位，而且能及时了解行业的最新动向，以便更好地应对社会的挑战。

（三）新加坡"教学工厂"模式

在管理机制上，新加坡学校分为外部管理和内部管理两方面。在外部管理上，是由校外各方人员参加的校董会，决定学校发展的重大事项；在内部管理上，则是由院（校）长根据学院发展的需要进行灵活管理[①]。同时，高职院校新专业的形成是自下而上发生的，在开设新专业之前，学院根据行业产业发展需求聘请顶级专家进行市场调研和论证，通过后由校董会提交教育部，经教育部批准成立后进行专业设立[②]。

对于人才培养的目标设定，新加坡遵循推动实践性的教育理念，以便适应行业化的需求和经济的发展需要。高职院校的核心使命是为国家经济增长培养具备真实操作能力的顶尖技术专家。在专业的构建过程中，考虑职业教育应具有效用性和实用性，政府及企业会主动同各个职业机构和实训基地合作制定专业实训方案，根据生产的要求，确立学习的内容和课程设置，强调学生的动手实践环节。关于师资力量方面，新加坡高度重视"双师型"教师团队的打造，除了关注他们的工作经验外，还会给他们提供广泛的学习机会，并且会积极引入国外的优秀技工作为教师，激励并支持"双师型"教师去海外授课、实习或者兼职等活动，从而提升学校教师的技术专长和全球视野。在教学上，采用"工作小组"的方式，使教学过程更加贴近现实生产场景，使学生获得真正的理论知识和技巧。教育机构承包了各类任务并向制造商租赁设备，以便在校内建立与真实工厂相似的工作场所。根据学生的选择，学生会被分配到相应的"工作小组"中，并在导师或者专业技术人员带领下执行真实的生产活动。在产教融合方面，高职院校积极寻求与企业及国际高职院校的互动协作，定期地组织研究会议，并且邀请来自全球各地的专家来讲座。这种知识共享的方式使企业的管理层可以获取最新的技术资讯，从而有助于他们的创新思维和决策能力提升，同时能让学校的教师和学生学习和成长。

（四）英国"三明治"产教融合模式

英国"三明治"产教融合模式，也被称为"工学交替制度"。这是英国教育的典范制度之一。在设立课程时该体系强调需先从实际市场出发，通过深度的社会研究了解行业需求，然后据此设定学校的相关专业，并以企业所需的人

① 叶彩华. 新加坡高职教育人才培养质量管理研究 [D]. 厦门：厦门大学教育研究院，2008.
② 刘占山，王文槿. 走进狮城：新加坡职业教育考察报告 [J]. 职业技术教育，2015，36（21）：70-76.

才发展方向为基础制定教学计划。同时，学生必须参与企业实践环节，完成一定的实习时间后才能返回校园继续学业。通常情况下，英国的产教融合模式采用的是"2+1+1"的时间框架。

英国所采用的产教融合人才培养方式的主要特征在于：它是以满足市场的特性及企业需求为基础设立的专业课程和实训项目。简言之，在学校教育中培养实用技能人才时，企业的全面介入是必不可少的环节，同时政府也须积极地实施这一教育体系并确保其稳定运行。

"三明治"式产教融合的模式有助于学生更深入地吸收并领悟基础学科内容；同时能够把已习得的专业技巧及相关专业的信息迅速运用至实际操作中以实现其价值，即所谓"知行合一"，让所学于实践之中真正发挥作用。

（五）澳大利亚 TAFE（technical and further education）产教融合模式

"TAFE"教育模式被认为是最具前瞻性和象征意义的世界级实用型人才实训体系之一。这种教育方法由教师根据人类教育的核心原则来实施，以澳大利亚经济发展的实际需要为教育基础，以实用技术的实训为主导方向，通过教授学生的"关键技能"来实现产教融合目标。在实践与教育相结合的方式下，学生有超过 80% 的学习时间是在企业环境中完成的，剩下的 20% 则用于在校内学习理论课程。

"TAFE"教育模式是基于培养学生实践操作能力的理念而设计的，包括学校、行政机构、行业顾问团体以及企业等多方参与到课程内容的设计和课时安排中。这样做的目的是保证教育实训能适应市场的需求并符合企业的期望。该种教育体系包含两个核心部分：基本知识学习和专业技能提升。这种独特的教学方法既具备强烈的市场指向性，又展示出高度的典范性和标准化特性。

（六）日本"产学官"合作模式

自 1871 年的东京"工学寮"成立以来，日本正式步入现代化职业教育时代。日本经济发展迅速，对于技能和专业技术人员的需求持续增加，同时企业的运营策略转变、科技进步和社会对再次实训和高等学历要求的提升，在这种背景下，"产学官"的教育合作模式应运而生。在这个由企业（产）、各类职业技术学校（学）和政府及其附属研究所组成的"产学官"职业教育合作模式中，"官"代表着政府。

初始阶段，"生产—学习"的主要表现形式为：企业向高职院校研究所投入资本以支持其研发。首先，尽管每年教师个人可用于独立决策的教育基金有严格限制，但在实施了产业学院协作后，他们能够更有效且灵活地使用这笔资金来推动产品开发及科技升级；其次，企业的具体要求可以直接传递给高职院校的研究院部，从而使之能更好地适应企业的需要，并产生符合该要求的商品或服务。随着"生产—学习"合作办学模式的持续推进，制造商对于技能型员工及其创新能力的渴求日益增长，因此变得更为热衷于同日本的技术类院校建立联系，并且寻求他们的配合。另一方面，这些高职院校也在努力提高自身的教学水平，以便吸引更多的生源，并帮助毕业生取得更好的工作机会，所以他们在科学专业上并不封闭，而是愿意接受来自各方的建议，甚至投资者的参与，以此促进科技创新的发展，形成一种良好的互动机制。

二、发达国家产教融合职业教育启示

与以上发达国家类似，为了促进经济的发展与进步，我国也实施了一系列有效的措施来推动产教融合发展。其中最重要的是建立一种新型的教育模式——"校企联合"或称之为"工读交替式教学模式"。这种模式不仅可以提高学生的学习效果，而且可以增强他们的实际操作能力，并为他们提供更多的实践机会。同时，这种方法也能够使教师更加了解企业的需求，从而更好地满足社会对人才的需求。而从全球视角可以看到：职业实训的发展源于经济和社会进步的需求与驱动；它也成为一种不可避免的社会变革现象。相较其他类型的教学方式而言，职业实训对社会的贡献尤为显著，与其相关的各种因素都深深地融入了整个国家的整体进程中。所以建设一套现代化、适应性的职教系统不仅被视为推进国内高职教育教学改革的关键步骤之一，也被认为是一种促进国民经济增长的主要动力源泉。为了让我国的高职院校能更好地满足实际需求并提升到国际领先水准，需要学习那些已经取得过良好成果的国家所积累下来的宝贵经验，来指导我们的行动方向。深入研究这些发达国家的产教融合模式特点，可以发现三个核心要素。

（一）建立职业教育质量保障体制

为了推动职教事业的长足进步，必须建立健全教育品质保证机制。例如，在德国，拥有众多跨越地域范围的教育评价组织，并且已经建立了关于高阶教育质量要求的规定条例来约束这些组织的行动。在实际操作过程中，需要特别关注学校的设施建设、课程设置及教师团队等方面的情况，同时需要创建一套有效的体系，以确保持续提升学校教育教学水平，从而使学生能够获得世界级的优质实训。在英国，所推行的教学模式是一种融合学习内容的设定方式、资质标准的确定方法及其考试评分模式的方式，以此实现标准化技术能力测试的标准流程，及设计相关证书颁发程序，进而形成了一个由初级到中级再到高端直至顶端的四个层级的专业化实践者培养架构。在美国，社区学院得到了人们的高度好评：这种社区类学院既能为高职院校学生提供深造的机会，也能满足在职人员进修的需求，具备很强的实用性和针对性。此外，职业技术教育委员会等相关组织之间也有着深层次的联系，这确实使教育和实训及各行业的融合更加紧密。在日本，过去，由于高职院校各自负责管理及其技术的开发没有明确的规范标准，因此日本政府创建了一个名为"独立行政法人国立高等专门学校机构"的部门来协调并领导这些技术的开发结果，构建了一套完整的技术开发结果管理的有效机制，对推动日本职业教育的进步起到了关键作用①。

（二）产学紧密合作

所有的校企合作模式，都需要有学校的配合协作及强劲的企业支持才能实现最佳效果。以德国为例，其"双元制"就充分展示出这种理念：不仅在学校内设立专门的技术学院或高职院校部，同时在企业内部设置技术部门或者提供实习岗位供毕业生选择，这正是生产学习之间完美互动模式的一个典型例子。同样的情况也发生在其他发达国家的职技体系里，例如英国对商业专业的投入力度加大，在决定如何实施教学方案上，使学校有了更大的自主权，从而更符合市场经济的需求，而非仅仅停留在理论层面上的探讨。美国的做法则更为直接，由各州立机构牵头组织各种形式的教育活动，并且还允许私人实训机构加入其中，以便于更好地满足不同类型学生的个性化学习需求，同时方便用人企业根据自己的实际情况去挑选合适的人员，这样一来既保证了学生能在最短的时间内在院校中掌握所需要的知识，又能让用人方找到真正适合自身业务流程的专业人员，可以说这样的方式非常实用而且有效。

（三）合作方式适应性推动了学校、企业和教育机构整合

直接复制和借鉴先进经济体的发展经验，无法推动国内经济实现快速且持续的提升。根本原因在于每个国家和地区都有其独特的背景环境与社会经济发展特征，唯有基于本土的基础条件，结合当地的社会经济特性，才有可能设计出适应自身发展的策略以助力经济的高效持久进步。同样的情况也适用于校企

---

① 石晓天. 英、美、澳三国高等职业教育产学合作教育政策分析及对我国的借鉴：从公共政策的角度 [J]. 当代教育理论与实践，2009，1（6）：1-4.

联合，德国、英国、美国等不是拘泥于单一有效的校园企业协作方式，而是在不断优化中寻找新的方法，依据自己国家的具体情况选择最适合的校园企业联结形式，充分发挥双方的优势，确保彼此的权益得到保障，达到资源共享、强弱互补的效果，从而提高高职院校和企业的协同效益，进而推进产业教育深度整合。

≫ 第二节　国内高职院校产教融合模式及其启示

一、国内高职院校产教融合教育模式实践

（一）"鲁班工坊"教学模式

"鲁班工坊"作为一种职业教育的创新方式，是由天津市率先提出的，旨在通过鲁班的大师级技艺和其代表的我国工艺大师身份来推动国内外高职院校的技能提升与知识传授，以支持我国企业的海外拓展，并提高我们国家在全球职业教育专业的声誉。

随着"鲁班工坊"的高质量发展，其重要性和价值被进一步认可。它已然成为国际交流及双边关系中的关键部分之一，这使国内外相关部门都能够主动地加入这个项目中来共同维护它的运作。此外，"鲁班工坊"建立了一套完整的决策协商机制，从顶层开始分为三个层次的管理小组，分别是领导工作组、研发推介领导小组及其下属的研究院，这些组织结构为项目的实施提供了有力的支持保障体系。其中最核心的角色就是那些参加建设的学校，其需要承担推进整个工程进展的责任，包括对外方的技术能力和资质审核评价等工作内容，同时须定期向上级报告相关的动态变化等。同样重要的是来自外国学校的责任担当，在实际操作过程中遇到问题时，其会及时提供解决方案并且协助解决问题。另外，还有一些重要的外部因素也在影响着该项工作的顺利开展，如各类企业的多样化介入方式，可以采用独营或合伙经营模式或者直接投资的方式，以此促进该项目更快更好地实现目标成果。最后一点不容忽略的是由各行各界的社会团体组成的力量，它们在制定详细的项目计划书、编制人才培养策略、安排学生的实习活动等方面发挥出巨大的作用，从而确保此建设项目能得

到有效的监管,保证其实施效果达到预期标准要求①。"鲁班工坊"通过不断进行体制机制改革,最终形成"三种建设模式""四个发展定位""五个基本原则"的机制保障体系。"三种建设模式"代表了通过与其他国家政府建立战略联盟来支持我国企业走出海外。"四个发展定位"则意味着为国家的社会经济进步作出贡献,同时促进了国内企业的商品出口及服务输出;此外,它还强调对职业教育国际化合作的推动作用,并致力于提升教师队伍的专业技能水平。"五个基本原则"则包括:公平协作的原则、根据当地情况制定策略的原则、优先考虑高质量的服务原则、重视能力培养和技术创新的原则,以及注重产业与教育相结合的原则②。

在专业教学标准上,根据所设立的专业,"鲁班工坊"通过借鉴国内外先进的职业教育理念和经验,开展广泛的行业调研,梳理专业对口岗位所需的核心技能,进而确立人才培养标准,构建国际化的专业教学课程体系,打造国际化师资团队,建设国际化的实训基地和教学评价体系,从而形成完整的适合国际市场需求的专业教学标准。在教学模式上,运用工程实践创新项目的方法,将工程、实践、创新、项目融合在一起,构建从知识学习到实践学习再到创新学习的教学模式,更加符合专业技术技能人才的培养要求。在师资建设上,每年都积极组织教师开展师资研修班学习交流会,与输入国合作组织的教师进行互换实训:一方面选派外籍教师在我国院校中进行2~3个月的短期实训;另一方面也组织我国教师到国外实施技术实训和现场学习。"鲁班工坊"为实训提供了丰富的场地和设施,所用的实训器材均来自企业捐赠,包括机器人、计算机控制机械、电动摩托车、无人驾驶飞机等,使学生可以亲手操练、深入理解最新的技术装备和工艺流程。在深化产教融合、校企合作上,"鲁班工坊"通过与承揽境外大型工程的我国企业或合资企业合作,与其签订订单式的人才培养协议,深入了解其工艺技术与人才需求状况,尽力培养满足企业需要的技术技能人才。这样学生不仅能够深入了解企业的用人标准,还能在学中做、做中学,提前熟悉企业的运行模式。这也解决了这些企业的用人困境,维护了双方的合作利益。

---

① 王岚. 基于"鲁班工坊"提升我国参与全球职业教育治理能力研究 [J]. 职教论坛, 2022, 38 (3): 37-44.

② 吕景泉. 服务"一带一路",职业教育的新作为:"鲁班工坊" [J]. 天津职业院校联合学报, 2018, 20 (1): 3-8.

（二）吉林汽车职教集团产教融合教育模式

成立于 2012 年的吉林汽车职教集团致力于满足吉林市汽车行业发展的需求，以培养具备实际操作能力的技能型人才来推动当地经济和社会进步。作为该组织的核心成员，吉林工程学院是一家专门从事中等职业技术教育的高质量应用型人才实训基地，凭借着多年来的卓越教学模式，成功培养优秀的汽车技术专业毕业生并荣获众多全国性的汽车专业荣誉称号，实现了"一门学科引领整个行业繁荣"的目标，成为吉林市汽车职业教育的领军者，以下为其主要发展策略。

首先，革新教育方式，重视理论和实际操作相结合。吉林汽车职教集团正在深入改良传统的教学方法，申请多个国家级的研究项目，特别强调"现代学徒制度"的发展，让学生在学校阶段掌握基本的理论知识，毕业后进入实习基地的制造部门进行实地实训，并且有专门的企业技术人员给予指导，以此培养他们在职场上的动手能力。此外，学校也对教学方式作了调整，引入最新的教学资料和设施，以提高学生的学习热情和自主性，还会定期举办教学讨论会议，分析现有教学体系的优点和不足，解决问题，积累经验，持续改进。

其次，强化教育团队的发展是重点任务之一，致力于打造"双师型"师资队伍。目前，由吉林机械电子技术学校主导职业教育的核心业务，其教师群体年龄分布均衡，且教师都是具有实践和理论能力的专家级别学者，拥有丰硕的研究成果。此外，集团还重视年轻教师的成长与发展，通过建立健全的系统教育教学管理制度来实现这一目标。比如，著名的"导师带徒制"，团队会安排有经验丰富的老教师对新进人员提供个性化的引导及支持，从学科知识的学习方法到实际操作技巧等，给予细致入微的一手传授。

再次，实施工学结合的方式，增强学生的角色转换技能。当学生在学校完成课程任务后，就会被分配至集团内的成员企业，参与实践性学习活动。在此过程中，教师与技术人员携手合作，以实操环境为基础开展理论教育并提供实际操作辅导。通过这样的方式，学生不仅能熟练地理解专业的基本原理，还能在真实的岗位上获得深度的学习体验，加深已学的知识、提高职业素质及安全生产观念，这对他们在未来正式步入职场具有极大的益处。

最后，致力于改进教育辅助工具并增加课程内容。对于汽车专业的实训来说，企业已经投巨资以改善教学环境及装备，购置超过 40 种实操车款，涵盖了来自日本、韩国、德国等市场的主流型号，并且还配置有引擎模拟实训平台、剪刀式起重器、汽车电子系统测试装置等，让学生在优质的教育资源下提高他们的专业技术水平。因此，在国内各类大规模技术竞赛上学生屡获殊荣，大大提高了学校的知名度与企业的口碑。

（三）杭州电子科技信息工程学院产教融合教育模式

作为首批获得认证的独立学院之一，"杭电信工院"秉持以地区经济发展为中心的服务原则，致力于推进浙江省经济增长。该院校坚持"专注于满足产业和企业的需求，实现与之紧密结合的产教融合模式"的原则，并在课程设计上注重学生实际操作能力的提升，以此来培养能适应各行各业的专业技术人才，目标是建成一所既重视理论知识又强调实践经验的多专业实用型高职院校。在此过程中，其采取的主要策略包括以下四方面。

首先，由学校和企业联合创建实训基地，给学生提供实训场所。该院内有两座实训楼，设立了包括公共基础知识试验台、专门技术测试设备、各科系的基础理论研究室共三个大的实训区域，总计 78 间实训室，使学生能在充足的实训场所中获得实际操作经验。此外，为了增强产业教育的结合度，推动学校的商业合作，学校积极推行产业教学项目的执行，申请杭州电子科技高职院校网络中心会计管理实习基地，协作培养人才的实践环境建设项目，以及其他产教合作项目，以探索出新的院校合作方式，推动学院的教育革新和创新创业活动。还与三菱、厦门网中网、北京友道、北京恒达等多家大型企业签署合约，一起建立了实训基地，有效地运用学校和企业的优质资源，实现了互利共赢的目标。

其次，学校设立了名为"高顿国际商学院"的新机构来深化院校与企业之间的协作关系。该院专注于会计管理及经济专业的人才实训项目，为企业输送了一系列优秀的员工。这个学院的目的是要利用高职院校的专业力量去培养更多的具有实际操作能力的专业人员，而不只是停留在理论层面的学习上。学院除了重视课堂上的知识点传授外，还特别强调学生的动手能力、实训能力（如商务实例解析、模型仿真实训等）。

再次，创建了"湖畔创客"创业公园，来推动发展革新力量。该计划的主要目标是在这个孵化器内提升高职院校生的创造力，并鼓励他们参与到商业活动中。同时旨在提供各种资源和服务，以便能够满足学生的需要，并在他们的实际操作过程中给予支持。创业公司自开放以来已经吸引了七家企业入驻，并且提供了多种类型的创意方案供学生选择。例如，科技研发中心及跨国电商网络等，这些都符合学生的兴趣爱好，且可以让他们积极地投身其中，以学习相关知识技能，提高自己的能力水平，从而更好地服务社会，贡献出自己应有的价值。此外，设有专门的技术开发团队，负责对各类技术问题予以解答，并对一些重大决策作出科学合理的分析、评价，确保项目的顺利实施，同时向地方各级部门推荐优秀的毕业生，以此达到双赢的目的，实现共生共享的发展模式。

最后，重视参加学科竞赛，以此来提高学生的实践技能。高职院校阶段的主要任务是学习专业的知识与理论，为了在此过程中培养学生的创造力和实践操作技巧，学校特别强调鼓励学生参加各类学科竞赛活动，例如，创业挑战赛、数学模型竞技等。通过这些实战性竞赛，让学生更好地应用已学的知识，把理论融入现实生活中，从而实现教学相长、以赛代训，让学生能在学科竞赛中有实质性进步。该校在这方面已有优秀成果，这不仅提高了学生在求职过程中的竞争力，而且奠定了学生职业发展的基石。

（四）黄淮学院产教融合教育模式

黄淮学院，位于河南省驻马店市。自2006年起，黄淮学院就开始积极参与校企合作及产教融合的项目实施。截至2016年6月份，该校已成功创建六个省级技术示范教学中心，并与国内外超过165家大企业和研究机构建立了实训和学习的合作关系。此外，还与美国、澳大利亚、英国等13个国家的高职院校进行了学生交流活动，同时大力推广留学生业务。经过近十年对校企合作和产教融合项目的探索后，黄淮学院明确提出"以学生为中心""人性化""重视技能"和"通过校企联合培养人才"的产教融合观念。

在办学历程中，黄淮学院始终坚定地将产教融合以及推动校企协同发展视为学校转型与成长的关键支柱。具体来说，黄淮学院在产教融合方面的实施重心主要集中在以下三个方面。

首先，全力推进产教研融合的实训基地、文化遗产保护及创新研究中心的发展。基于黄淮学院致力于推动当地特有产业发展的基础，积极寻求与驻马店地区更具影响力的企业建立新的教育合作关系，并将其作为产教融合的关键点。

其次，在新成立的产教融合体系下，企业与高职院校合作，并与其他众多企业构建稳定的合作网络——高职院校协作网络。遵循"合营""进步""双赢"的主要教育理念，黄淮学院已成功与180多家机构达成合作伙伴关系，并在其拥有的 2.3 万平方米的高职院校创新创业园区上有所体现。目前，黄淮学院已经初步形成"校园里有工厂，工厂里有校园"的产教融合教学策略。在学校与企业的协同过程中，双方都会派遣相应的人员组建决策团队，以研究和制订产教融合发展的战略蓝图和人才培养方案，使教师和学生能积极参加产教融合的日常学习和管理工作，同时能在科技突破、科学成果转化、职业技能实训等方面展开有效的合作。

最后，当产教融合过程启动时，企业会为参与该项合作的学院提供必要的实践设施及场所，安排专业的技术人员来协助和引导学生的实践活动，并且根据特定的订单式实训方式对学生进行实训，使其具有优先获得就业机会的能力。

（五）黑龙江工程学院职业技术学院产教融合基本理念

经过 20 多年的发展历程，黑龙江工程学院秉持着"实用至上"及"力求完美"的教育原则开展工作。该高职院校位于我国的东北部地区——黑龙江省，在当地建立起自己的品牌形象后开始拓展到其他省份，甚至打入国际市场，努力打造成一所以实际操作能力为主导的专业院校，搭建一套独特的人才实训体系，从而成功吸引大量被公众接受且具备高水准实操能力工程师的加入。黑龙江工程学院坚信人是教育核心资产，并且在教育核心上全力实施这一理念，旨在提升自身竞争力，制订了名为"增强高职院校实力"的长远规划方案。具体来说，就是通过采取既注重外部招聘又重视内部发掘的方式，构建一支既有博学之士又有实战派专家的多层次复合型的优秀团队，学院人员（包括教师）数量超过 800 人，有超过 1/4 的人员都持有副高级及以上职称，还有近一半的研究者来自国内外知名研究机构，他们获得过相关专业的最高荣誉称号，或是发表过多篇重要科研成果。

以下四个方面是黑龙江工程学院产教融合的具体实施要点。

首先，该学院尤其关注如何调整专业的设立及教育内容的安排，以满足地区性经济发展的需求。黑龙江工程学院始终坚持以下理念：为推动东北老工业基地振兴与黑龙江省"八大经济区"的构建而努力创新并持续发展。

其次，主动参与到企业的协作中去。为满足黑龙江省经济发展需求，黑龙江工程学院特别设立了建筑、运输及测量相关专业以支持交通和测量的产业发展。同时，管理和电子信息类专业正在持续改进和完善，以便更好地服务于当地的产业布局，推动地区经济行业的进步。此外，该高职院校在理工科专业中的实际投资占比最高，达到了总教育资金投入的 72%。

再次，关注对"双师双能型"教师的招聘和培训。教师的专业成长涉及知识累积、技巧熟练程度、能力和心态变化等多方面因素；从各个角度来看，教师专业成长的过程必然要求在专业知识、技术水平、研究能力、教学态度及情绪管理等方面有显著进步。为此，学院实施一些创新性的实训方案，并把这些融入教师专业成长的过程中。此外，在实施产教融合的教育模式时，黑龙江工程学院不仅强调了产教融合和校企协作的项目，而且特别看重对全职教师的培养。学校激励学生走出去，进入企业和工厂，在全职教师的指导下积极投入工作，自我锻炼，从而有效增强实际操作能力。

最后，致力于教育和市场的无缝连接，通过实施产教融合政策来推动黑龙江工程学院的发展。该院校不仅进行了"人才定制化实训"的项目，而且先后与日本丰田、德国博世、美国卡特彼勒及我国郑州宇通等国内外大型企业展开了各种形式的校企联合培养实用型人才的活动。学校以企业名命名各联合培养活动，旨在按照企业的真实人才需要培养实用型人才。

二、国内产教融合职业教育启示

我国高职院校与当地产业发展已初步形成一体化的格局，并创造出独特的产学研一体化的人才培养方式，各具特色。这对高职院校为本地经济提供支持和服务产生了巨大的推动力和吸引力。经过分析，国内产教融合职业教育的启示主要有以下三点。

（一）积极多样的产学融合培养模式

自 2004 年起，黄淮学院便紧抓河南地区经济发展转型及提升的机会，专注于塑造其应用型的教学方法和特性。学校成功地将其教室转化为实操场所，把研究部门转化为工作坊，展现出全新的教育风格和教师团队建设。该校与多种类型企业合作，包括国有企业、私营企业、特定专业组织、研究所和社会服务机构等，学校合作的企业层级不断提高。这一变化背后的原因在于黄淮学院各二级学院基于各自行业的实际需求，实施了有效的校企联合人才实训策略，同时积极扩展与其他行业或城市以外的企业寻求新的合作机会，从而创造更多的合作共赢局面。同样的情况也在黑龙江工程学院出现。在实行产教融合培养应用型人才时，黑龙江工程学院的每个二级学院对此都很重视，并积极采取各种整合方式，根据不同企业的业务特征和需求，主动探究和进行实训，使黑龙江工程学院在产教融合的方法上更加丰富且充满创新力。例如，广播电视新闻专业按照"专业技能实训"的产教融合模式，把广播电视新闻学的实训内容分成四个阶段：基础技能实训、职业素质教育、职业素质提高及职业素质加强。在这个过程中，还包括了三段结合企业业务发展的实际操作练习期。这种独特的教学方式可以有效地让广播电视新闻专业的学生在每个学习环节和实习期间都能获得有针对性的实训和指导。黑龙江工程学院就是在这个基础上实施了"引进来和送出去"的企业院校联合策略，从而实现了双方的良好互动和协作关系。

（二）注重师资队伍建设及实训基地建设

在人力资源实训中教育工作者承担关键职责，他们的能力水平对学生发展的影响是显著且深远的。如果高职院校没有一群既具备高尚道德又富有才能并愿意为之付出努力的专业教师团队，无论其设施如何先进和完善，也无法成功并且提升实训品质。对于高职院校来说，教师必须改革传统的学习方式——从依赖课堂授课来传输知识理念，转向更注重实际操作的方法。这意味着要增加实训课所占比例，并在企业的全程指导下实施学习计划与策略。因此，"双师型"教师的作用是至关重要的。例如，在吉林汽车职教集团里，所有的教师都是"双师型"的，他们的综合素质很高，在教授理论知识的同时可以很好地融入实际操作环节，防止过分偏向于理论而忽视实践的情况发生，确保学生能获得完整、系统、高标准的教育体验。再比如，黑龙江工程学院职业技术学院培养了一批优秀教师专注于实践教学，以便更紧密地对接当地产业，积极主动与企业建立紧密的关系，努力争取企业的资金支持、项目设计及管理的全方位协作。本地理工科高职院校重视对学生的动手能力和创新能力的培养，希望学生能在生产过程中亲身经历，以便更好地掌握生产技巧。为提升学生的动手和创新能力，校内实践类课程所占比例应当增加，这样可以改变过去单一的理论课堂讲授方式。基于此，不仅要关注教师的专业资质提升，还须积极创建实践环境，大力推动年轻教师在国内外各种平台参观学习和进行学术交流，进而打造一种高效、多元化的培养策略，以满足教育全球化发展的需求。在新时期的教师培养工作中，学校需要借助现有的实训资源，充分发挥企业的优质实训优势，拓宽企业式实训方法，选拔优秀教师去企业现场参观调研，来增强实训的影响力和深度，助推更多教师逐渐养成良好的企业视角和素养。

此外，还须关注实训基地的构建，以确保实践成果。从以上各学校的实际案例来看，实用型人才的培养是无法脱离实践的，通过建立实训基地等可以有效地给学生提供实践机会，包括企业提供的实践环境、学校自建或与企业联合建造实训场所等方式都是可行的选择，高职院校应大力提升学生的实操能力并增强其对工作的适应力，以便能满足职场需求。

（三）改革治理机制，引入"合作治理"模式

引入"合作治理"模式，旨在培养能够满足社会经济发展需求的人才，让他们具有全方位的专业技能及整体素养，能直接投入到生产、服务、科技或管理的核心岗位上。依据教育内部外部的关联原理，职业教育构成了一个小规模的体系，它紧密地连接着社会的庞大规模结构，因此它的进步无法离开这个大的环境。而作为职业教育载体的高职院校更应该主动打破教育与市场的壁垒，与市场经济发展进行有机互动，形成相互依存、相互促进的关系。高职院校如何从一个相对独立的组织融入市场经济这个大环境呢？首先，需要从治理机制进行改革，打破长期以来的行政化管理模式，引入"合作治理"模式，也就是高职院校的发展不再由学院单方面决定，而是由学院、企业组成的决策机构共同决定。其次，高职院校要坚持"走出去"战略，与当地优势企业进行深度融合，不仅在学生教育和实训基地建设上进行深入合作，还要邀请其参与学院发展和重大事务管理，实现由"一元管理"向"多元治理"的合作治理格局转变。最后，学院和企业应根据市场经济发展对人才的需求，结合当地优势产业，在国家政策的统一指导下共同决定学院的专业建设，共同参与专业教学标准、培养模式、课程设计和业绩考评等事项。只有让企业真正参与进来，职业教育才能在供给侧进行有效改革，向社会提供合格的技术人才。

第五章 产教融合实践体系下高职院校会计专业教学创新路径

>> 第一节 优化专业课程体系

一、依据岗位能力需求设置课程

"以服务为主导、以就业为中心"是高职院校教育发展理念，引导着各学校在设定专业学科课程时以满足市场需求为方向。这些学校的课程安排及教学内容的制定必须基于对高职院校专业的技能要求和职位需求，而不是简单地采用高职院校或技术学院的教学方式。会计专业亦然。既不能仅仅依赖于高职院校的知识传授方法，也不应该继续沿用高职院校的课程框架去培养高级职业技术人才。这种做法违背了高职院校的初衷——培养具备特定能力的人才。因此，结合高职院校的课程结构，深入理解和分析会计专业岗位能力需求，合理设定课程，这对提升高职院校会计专业的教学水平和推动其迅速进步具有极大的实际价值。

（一）会计岗位能力框架

考虑当今的社会环境和企业对人才的需求，会计岗位能力涵盖职业道德、职业技能、社会能力以及其他能力。

1. 职业道德

职业道德，与人们的工作和生活都有着紧密的联系。它既规范着人们的职业行为，也要求人们承担起对社会的道德责任，并履行相应的义务。注重会计职业道德的培养，不但可以对会计行业内部进行有效规范，提高行业内从业人员之间的凝聚力，而且可以调整会计岗位人员与其服务对象之间的关系。具体来说，会计的职业道德包括以下五方面的内容。

第一，热爱自己的职业。对自己的职业保持热爱，是一个会计能够持续进步的内因，实际上这点对任何职业的从业人员来说都是如此。会计的工作实际上就是与数据打交道，因此他们需要在工作时做到一丝不苟，并接受工作的烦琐和枯燥。另外，在工作过程中，会计岗位人员还会碰到一些与政策较为密切的内容，或是牵扯多方面内容，当问题复杂时就需要他们有十足的耐心和坚持不懈的精神。只有热爱自己的职业，会计岗位人员才能够处理好这些问题，也才能在这些繁复的工作中提高自己的职业水平。

第二，要对各项规定和条例了如指掌。虽然从表面上看，会计工作是与数据打交道，然而在中小企业中，这并非会计岗位人员的全部工作范围。为了能够顺利地完成工作，避免给企业造成损失，就需要会计对与本职工作相关的各项规定和条例有充分的了解，并在工作中认真地贯彻落实。除了自己要十分熟悉这些规定和条例外，还要让企业内其他相关人员了解相关规定，从而工作才能更轻松地展开。

第三，坚持依法行事的原则。会计岗位人员在处理与会计相关的问题时，要严格遵守相关的法律、法规，这也属于会计岗位人员的职业道德之一。会计岗位人员所提交的资料要真实、准确。这种真实性和准确度不仅要在自己的工作中体现出来，更要获得其他有关人员和有关部门的认同，从而让获得消息的人或者部门得到真正有价值的消息。

第四，要做到实事求是。身为一名会计，在处理各种会计问题时，应该以一种实事求是的态度来对待。一般情况下，会计岗位人员都具有较好的专业知识和技术，但若不能具备实事求是的工作态度，就会滥用这些专业知识和技术，甚至为自己牟利。

第五，严守保密规定。作为一名会计工作者，必须始终遵循并执行保密规定和要求。由于会计工作涉及企业内部大量敏感信息，如经营状态、业务流程以及关键生产技术的秘密操作方法等，如果这些信息被泄露出去，可能会给企业带来无法挽回的损害，包括经济上的重大打击、竞争力的削弱及顾客的流失等。因此，会计岗位人员应该将严格遵循保密制度作为自己的工作准则，无论遇到何种情况，都不能对他人泄露这些涉及企业核心运营内容和技术的信息，更不能违背职业道德，为了一己私欲，把企业的秘密出售给他人。

高职院校会计专业的学生需要接受相关教育来提高他们的职业道德水平。

因此，在会计专业的课程体系中，应当增加一门关于职业操守的课程，以此培养学生的职业道德，让他们能够了解一名优秀的会计岗位人员所需要具备的道德素质，认识到职业道德的重要性。

2. 职业技能

会计专业的技能涵盖专业技能和通用技能两类。专业技能主要是针对从事该行业过程中的会计专业相关操作、决策等方面的能力，而这通常被理解为专业工作的能力和素质。事实上，不同工种对会计的要求各异，如表 5-1 所示。

表 5-1　会计岗位专业技能要求表

岗位	会计专业业务能力
出纳	点钞、真假币鉴别，会计数书写技能，凭证审核与填制，银行对账及银行余额调节表编制，支票的领用及签发，现金、银行存款账簿的启用与登记等
往来会计	客户档案管理，应收账款账龄分析，往来款项核对，款项催收，应收账款、应收票据、其他应收款、应付账款、预收账款、其他应付款等账簿登记
固定资产会计	建立固定资产明细账和卡片，固定资产增加或减少账务处理，计提折旧，盘存方法，盘点损益表的编制和账务处理
工资会计	工资核算工作，审单，编制会计凭证，工资资料整理及归档工作，相关合同管理，合同台账更新，工资发放，个人所得税核算
成本会计	制订材料消耗定额，填制材料收发凭证，存货采购与领用的账务处理，平行登记材料总账和明细账，材料盘点及盘点损益表的编制和账务处理，计算产品生产成本，生产费用的分配核算，编制成本计算表，登记成本账簿
销售会计	库存商品核对，收入凭证的审核与填制，登记核对收入、库存商品账簿
税务会计	发票的认购，税金的核算，纳税申报，汇算清缴
总账会计	会计凭证、账簿、报表的稽核，会计账目的调整，试算平衡，会计报告的编制，会计分析编写，内控制度的组织

会计岗位人员所需具备的专业技能除了以上与岗位相关的技能外，还包括会计分析能力、管理能力、监督能力等。

对于会计岗位人员来说，还需要掌握的基本技巧是在日常工作过程中不可或缺但又非核心专业的知识和技能，这主要涉及计算机操作技术、书面沟通能力和外语水平等方面。唯有拥有这些基本技能，才能更好地发挥他们的专业特长。

3. 社会能力

会计职业的专业性极高，不仅要求从业者具备必要的专业技能，还需要有解决和研究实际问题的才能，同时需要具备与各类人员保持良好交流的能力，从而让自己的工作变得更加高效，并为企业业务的扩展提供更为有利的条件。因此，作为一名称职的会计岗位人员，在工作过程中，必须具备理解和解决问题的综合能力，具备良好的沟通、协作、判断、分析、执行、安排日程、抗压等能力，以及良好的职业价值观等。

4. 其他能力

第一，决策能力。一个职业的会计师必须具备商业上的决断力、准确的判断力、创造性的思维和洞察力。会计的决策能力表现为在面对紧急情况和棘手问题的时候，可以保持清醒的思维，进行仔细的分析，从而做出有利于企业发展的选择，并且在受到损失时，能够实现损失最小化。做出正确选择的关键在于具备优秀的决断力。作为一名会计工作者，需要精细化的操作来执行企业的各项业务活动及管理经济问题。在此过程中，会计要确保每一个步骤都经过严格的审查，并且按照既定的程序逐一解析各项任务，以满足预设的要求。我国实施的最新的企业会计准则对会计工作者提出了一些不定性要求。因此，在某些企业的经济交易和特定的事务中，会计岗位人员不再能够从标准中寻找出明确而详尽的过程和方法，而是要在企业的现实条件下，结合自身的业务经验，做出正确的判断，进行相应操作。这对会计岗位人员的能力要求极高。在企业的会计活动中，存在着许多需要进行抉择的问题，这些问题往往需要会计依据自己的主观判断做出决定。因此，就高职院校而言，在会计专业的教学和管理中，必须加强学生在学习过程中的判断能力的实训，重视会计、税收、法律法规等方面的规范要求。

第二，语言能力。会计通常需要处理文字和数据，并进行特定的会计管理任务，这对他们的语言能力提出了一些挑战。具体来说，主要包括以下两个方面的内容。其一，文字的编辑和表达能力。这一部分需要会计岗位人员在从事会计税务管理等工作时，能够对某些文档进行编辑和管理，例如，编制会计报表时，增加对注释的解释、对经济活动的分析等。其二，外语的运用能力。在全球经济一体化的发展背景之下，我国的经济和世界其他国家之间的联系越来越紧密，和外国企业之间的商业交流也越来越频繁。所以，会计岗位人员最好能熟练地掌握至少一门外语。

第三，战略管理能力。会计岗位人员应该具有对经济发展进程趋势及市场实际走势进行分析和判断的能力，具有良好的商业眼光，拥有广阔的视角，并擅长利用金融知识进行会计管理，规避企业经济上产生亏损的风险，尽量保证企业的权益。会计岗位人员所需要的战略管理能力，主要包括自我管理能力、自我发展能力、适应变化能力和自我调整的能力等。

（二）课程体系设计基本原则

高职教育旨在培养拥有一定理学基础且能有效运用语言沟通技巧的人才，能够理解专业基本原理，拥有专业技能。此外，高职院校的毕业生还需有独立解决问题的能力和创造力——这正是我们所期望的从一名优秀的学生身上看到的特质。所以，相较其他类型的教育方式（如中级职业学校的常规学习），高职教育更注重实用主义而非纯粹的研究探索或者深度研究。其显著的特点在于高职教育的专门化程度较高而且强调实操经验，这就意味着我们的教育教学设计必须紧密联系学生未来职场生涯的需求，确保所教授的内容都能够满足他们对特定行业所需的核心素质的要求。换句话说，高职教育的重点是提升学生的全面素养，而不是过分深入探究某一专业。在构建课程体系时，应该重视一专多能，以保证持续教育，做到科学合理。因此，在确定课程体系时，必须坚守以提升能力为核心，并根据岗位目标来制定的原则。

目前我国高职院校的课程内容主要由三个部分构成，即通识课、专业基础课和专业课。这一传统的课程结构适应并遵循常规的学习法，为学生的理论知识打下坚实基础，确保课程间科学系统的连贯性和完备度。近年来，一些高职院校已经开始尝试实施新的课程体系，但是总体结构并未发生根本变化，而且对于生产的应用指导力度不够大。因此，应该充分利用高职院校突出的实战性来选择合适的专业，深入研究相关的知识点，从而重点提升学生解决问题的能力。

高职院校课程可以多元化。为了更好地建立课程体系，需要了解学生的学习水平所匹配的知识构造以及企业的需求。鉴于会计专业的课程种类繁多且实施过程混乱，高职院校应依据特定的人才实训目标，挑选适宜的教学材料，有条理地组织它们并形成一整套完善的课程架构。必须严格按照国家的课程规划进行科学而合理的安排。同时积极引入本地特色课程，按照企业专业技术员工的需求和入职标准，鼓励会计专业的教师和企业财会工作者参加会计专业课程的研究开发工作，编制自制教材，使企业的最新科技、最前沿思想渗透进教材之中，建立起以技能为中心的课程框架，致力于实现理论与实际操作、专业知识与技能、全面素养与能力的平衡，重视将新知识、新技术、新型的管理方式以及勤奋精神、团队协作精神、自主管理观念、企业文化融入课程体系和教学内容当中。此外，还须适度增补内容适合学生个性的校本课程，使课程更具完整性和丰富性，尽全力满足每个学生的成长需求。具备高级职位技能的人才应掌握的内容包含：使用会计软件的能力、电脑操作技巧；对于出纳员、会计师及审计人员的职责理解；对现金管理、账目处理和数据收集有较高的熟练度；快速准确地识别假币并运用珠算技术；编写会计报告并对企业经营情况作出深入解析；精确评价成本；熟悉会计专业的文章撰写规则；等等。此外，他们还需拥有持续发展的潜力，如优秀的职业操守、有效沟通技巧和人文学识等。这些都可以融入课程中。

（三）课程体系设置基本步骤

对于不同的工作类型和职位，其所需的高级技术人员的能力和实训目的各异。所以，基于特定工作职责和职场期望设置课程体系时要结合两方面：一是解析职位，明确该职位的特性、专长教育目标及发展趋势；二是根据这些特性等，参考实际社会环境，深入研究职位所需的职业能力，从而确立课程的核心主题和层级设定，进而制定出具有针对性的课程设计方案。

高职院校首要任务是进行职位工作分析，设定培养目标时需要基于地区经济增长、市场经济社会的需求和社会对多功能、高级技能、智能化的复合型人才的需求，这不同于普通的高等教育或者中等教育。需要深入研究高职教育中的高级技能实用性、实际工作的职责和能力构成元素。对于专业的基本标准和职业能力的定义应该是这样的：身体健康；具备优秀的个人品德、职业操守和团队协作、敬业的精神；掌握满足该行业专业及其关联专业的知识体系、科技运用基础理论和最新的技术创新成果；拥有丰富的工作实践经历并精通各种技能；能够独立处理自身职务、岗位或是整个部门的关键问题；有强烈的技术改革意识和创新的劳动能力；能帮助领导、同事完成各项生产活动，负责工程项目实施的管理和教师职业技能等工作。通过精准的职位工作分析，可以确定专业实训的目标和方向，找到岗位综合能力的层级定位，从而确保课程设计的主导思路和核心内容。以会计专业来说，在进行课程体系设置时，除了需要考虑高职院校的普遍性特点外，还需要针对企业对于会计人才的能力需求进行重点考虑，让课程体系与企业需求相吻合。

需要基于职业能力的提升及工作岗位的需求来设定课程内容。当明确了专业的实训目标、专长专业和整体职业素质等级后，就要依据市场的需求和职业的标准，从职业能力研究出发，把总体职业能力细分到各个特定的能力上，然后依照这些特定的能力设立相应的课程。这与传统的三阶段课程规划有所不同，这个方案使我们在实训的目标、能力构造和教导执行的过程中建立了更为直接且明晰的一对一关联，更好地突显了高职教育的实用型特性，并且与职业技能规范相互配合，设定的课程就是教育目的的具体表现形式，展现了合理的教育课程架构特点。例如，会计职位可能被划分为出纳员、税收核算师、成本控制师等，每一个职务需要的职业能力都有其独特之处。比如，对于出纳员来说，他们必须精通如何操作现金收入支出手续，要遵循相关规则妥善记录现金交易信息，还要迅速解决货币支付中出现的问题等；对税收核算师而言，他们需要具备企业税务注册资格、使用税务软件完成纳税义务等；成本核算师，需要掌握如何准确计算产品的生产成本、服务费用，同时能透过成本报告解析导致成本上升或者下降的关键因素等。作为企业的核心职能之一，会计部门承担执行企业内控和电子化的常规管理工作。这意味着该职位的人员必须具备运用先进的企业财会整合技术来处理业务流程，通过应用金融科技工具实现数据智能化管理的技能，并且能够向高层领导团队提供关键性的决策依据。经过市场调查结果发现：通常情况下，大中型机构内的分工会较为细致明确且精细化程度高，而小微型企业盈利水平较低，常常选择降低人力开支，导致员工身兼数职。所以全方位培养学生就显得尤为重要了。

（四）课程模式设计应注意的几个问题

在进行高职院校会计专业的课程模式设计时，应注意以下四点问题。

第一，应该把能力的提升作为课程设计的重点，这有助于强化实际操作能力而非过分重视理论知识的学习体系与全面性。不过，为了确保"必需且足够"标准得以实现，在设置课程时应包含一定的专业基础知识及理论学习内容，这对提高学生的适应能力和未来持续教育的需求具有重要价值。

第二，在安排课程时需要注意维持教学流程的顺序，以及知识和技能实训的渐进。

第三，在课程规划阶段，需要重视对能力的核心、等级和位置的理解。

第四，课程设计时要考虑使用大量高质量、高标准且独立的教材，而教材的编排和开发任务相当繁重。

二、根据市场变化优化课程

（一）制定培养目标，适应时代要求

当前，会计人才市场已经逐步进入"买方市场"时代，在这个时代，我国的经济和社会发展对于会计人才的差异性要求与高职院校会计专业的人才培养标准之间存在的矛盾变得越来越突出。仅仅是以"学位"为核心来设置的专业课程，已经很难满足会计岗位职业素质的内在要求。因此，根据当前产业发展趋势及学生的就业前景来看，需要建设并完善相关培养（如学位学习、技能实训和社会能力提升有效融合的专业课教学系统）。这对于高职院校来说是至关重要的，因为它可以提供符合企业实际操作需要的会计管理人员来应对市场上的这类岗位空缺问题，同时可以避免我国高职院校财经类专业的单一化发展模式所带来的弊端影响。

高职院校中的会计专业课程，必须依据当地经济发展的实际情况及企业的真实需求来设定合适的学生实训目标。这样可以确保学生的整体素质提升。此外，人才的品质对企业发展具有重大影响，因此有必要纠正并消除目前存在的关于理论学习与专业技术教育目标模糊的问题。这需要我们逐步细化和优化这些目标，直至建立起适应现实情况且能紧贴生产线和创新链的正确的人才培养目标。

高职院校的会计专业课程需要扩大对公众信息的收集途径，完善沟通系统，建立多元化的参与机构，全面吸收来自学生、企业、行政部门及经济学者等多种角度的信息，以此为基础来设定教学目标，以期达到能体现总体理念和未来发展的教学目的，并且满足社会的需求。同时，高职院校和企业应该联合创建专门的工作团队，负责设计人才实训计划。其中应包含定期调查和记录相关的雇佣状况以及高职院校毕业生的求职动态等相关数据，以便理性地分析和确定人才培养的目标。然而，这个目标不能太过笼统，它必须既有引导作用，又有实践意义，还具备实施的可能，这样才能保证它的宏观方向性和微观实际性的统一。此外，还需要借助政府和行业的支持，详细了解区域内所有学校的综合人才培养现状等信息，从而确立起合理且有效的教学目标。

在设定教育人才培养目标的时候，我们需要注意两个要点：第一，必须全面理解高职院校会计学科的特点与角色定位，坚持致力于为社会提供服务并培养实用型人才的原则，根据社会的经济发展需求及新时代对于人才的需求去塑

造学生，这样可以确保他们能有更好的工作机会，满足国家经济产业增长的社会需求。第二，要深刻理解每个个体的成长需求，重视他们的整体素养提升。在确定人才培养目标的过程中，不仅应关注学生的学习能力和技术进步，还须强调他们在社交技巧上的实训，让他们能在产教融合的环境下发现自己的弱点。

（二）优化课程结构，适应产业变革

1. 与行业、企业紧密联系，构建课程

高职教育机构的核心任务在于培养能满足行业和企业需求的技能型人才，尤其是对于会计专业而言，必须密切结合相关的产业和企业的特性以建立合适的课程结构。此外，我们须理性地评价每个专业的现况及其未来的发展趋向，合理制定产教融合的教育系统；基于对行业的招聘需求特征和本专业毕业学生的工作流向等信息的全面收集，综合策划，优化各类专业的招生规模、课程安排、师资配备以及理论和实践教学的比例。在课程系统的建设阶段，会计专业的教师应积极充实和革新课程内容。为了确保学校的实训方案符合市场变化带来的人才质量要求，高职院校会计专业的教师有必要深度理解市场的发展动向，明确人才的专业素养标准。他们还应该详细了解学校所在地区涉及的相关行业的企业职位群体，特别关注各专业对应的技术技能、技术职务和技术资格认证等方面的情况。实时把握企业用人的动态和岗位的变化，不仅要考虑课程设计的稳定性，还要充分考虑企业岗位群变化的灵敏度。合理搜集课程资源，丰富课程内容。教师可以与相关企业的专业人士进行交流，通过学校和企业的协作，有效地建立课程内容体系，确保高职院校的课程设计更加科学。

2. 与地区产业结构和未来规划对接，探索建设课程

就教学安排而言，高职院校的教育方案应具备远见性和创新力，紧密结合当地经济结构及未来的发展计划等因素，制订三层级的授课模式：第一层级，授课由教师主导，他们不仅教授专业的基本原理，还能够激起学生的学习热情和自主学习的动力；第二层级，课堂中融合理论讲解和实操实训，强化师生的深度交流互动；第三层级，通过实战型科目，模拟真实的企业或行业的运作环境处理现实问题，从而使学生的实用技能得以全面提升并且获得充足的发展空间。

3. 建立一个针对性强的专业课程淘汰预警系统

高职院校需要对会计学科的课程制定具有针对性的一体化计划，构建退出

警示系统，对于那些无法满足行业需求或持续就业率较低的专业，应实时警报，调整课程设计及专业定位，进而减少招生数量，提升课程品质。与此同时，地区内的各高职院校须加强沟通协作，每个学校的会计专业都应该依据自身的教学资源和专长来塑造其独特优势，并且要根据当地经济状况主动推进专业课程改革，创建有深度且广泛的专业课程结构，以此形成以特长专业为主导的产教融合的课程框架。

4. 与会计职业证书对接设置课程

会计上岗需要持有基础性的证书，所以学生在校期间，就可以考取初级会计、初级审计师、初级经济师等职业证书。为了让学生在校期间既能掌握专业知识，又能考取职业等级证书，高职院校在课程结构设计、教学大纲编制、课程设置等方面，都要尽量符合职业证书考试的时序和内容，教学实例和练习都需要参考职业证书考试的辅助教材，让学生在日常学习中能够开展有针对性的练习。教师在对学生进行考评时，可以采用"以证代考"或者学分互认等形式。这不仅可以激发学生对考试的热情，还可以增加他们的考试通过率。

（三）课程通过融入人工智能和云计算等技术，向管理会计方向发展

在新兴科技如人工智能、互联网+及云数据推动下的新产业变革潮流下，高职院校对于会计岗位人员的实训内容须紧跟时代的步伐，并适应其不断演进的变化趋势。特别是近年来的技术转型升级，包括人工智能（AI）、云计算等专业转向了以管理会计为核心的发展模式。利用人工智能技术可以有效地连接会计部门与业务部门的信息流转，使企业能够更加精准且快速地把握整体情况及其各项业务动态。因此，在设计相关课程和提升学生的技能方面，应该关注以下几点：首先，让学生全面深入理解和掌握整个企业运营过程；其次，在教学过程中强调广阔的视角和多样化的知识体系，既要求学生具备扎实的会计理论基础，也鼓励他们在其他专业进行探索；最后，对 ERP 供应链管理的熟悉程度至关重要，可以设置管理会计、ERP 供应链等相关课程来提高学生的信息化操作能力和效率。

（四）加强"产教融合、校企合作"内涵对接

首先，会计专业课程内容对接岗位职业标准。为了创建高效协作交流系统，我们需要改善教育内容的质量，同时加大"产教融合""校企合作"的影响力，并在新的专业里探索创新解决方案。对于高职院校的会计科目来说，应制定多元化且不断更新的教材结构，以便能及时吸收最新的技术进步信息，并

对现有的学科提出改进建议或添加新鲜元素。这样可以确保会计专业课程能够紧密贴合工作的标准要求，这是保证学生的专业能力和职场所需的能力完美匹配的重要步骤之一。产教融合的核心在于双方一起研发专门针对该行业的就业素质框架，包括从业者的基本概念理解程度（如基础原理）及其实际操作技巧等方面的规范设定（如实操实训），还涉及一些评价方法的设计方案等问题。这一举措旨在让高职院校的教育体制更加符合企业的用人准则，并且能让企业的实训项目更好地融入高职院校生的学习过程，从而产生共生效应，也就是所谓"课业交换"；只有实现了这样的目标，产教融合才会真正发挥作用，成为推动社会经济发展的一种有效手段，进而迸发一股全新的力量为我国经济建设注入活力。

其次，会计专业课程的教育方式与企业的制造程序相连接。学生在学校里不仅能学到理论知识，还能通过校园内的实习场地和外部的实际操作环境来提升实战能力。对于会计专业课教育来说，需要聘请那些拥有行业经验或者持有相应资格证的"双师型"教师，以确保所教授的内容尽量贴近现实的工作场景。在校内外学生都进行了实践，他们可以通过实践亲身参与企业运营过程。这样一来，学校的教育就能紧密地连接上企业的操作流程，从而提高学生的实践技巧，推动实用型人才的培养。

再次，教育机构的社会化发展需要符合企业的价值观。"产教融合""校企合作"应该主要关注提升会计专业学生的社会技能，确保他们的社会技能实训有明确的标准，并且能够将企业的物质文化、行动文化、规则文化及精神文化整合到标准的制定中去。这样一来，可以通过"产教融合""校企合作"来强化学生所需的职场和社会适应力，同时能塑造他们的正向人生观。此外，这样的连接可以持续地影响学校的整个教学流程，使学生的社会技能实训能更好地匹配上企业的文化理念，学校与企业联合培养出拥有优秀"职业人""社会人"品质的学生。

最后，企业会计从业人员与高职院校教师的双边互动关系。企业内的会计部门的员工需要协助高职院校完成会计专业教育工作中的实际操作，参与到设计实操课的内容中。他们还需对学生的技能实训提供指导，所以要到学校实习一段时间。这样一来，从内在意义上来说，教师与企业的技术员之间就建立了双边互动关系，从而提升了学生实际操作的能力。

三、合理安排课程比重

当前，高职院校所培养的是适应职场要求、具备独特专长的高级技术人员。在这种教育模式下，实际操作经验至关重要，因为它可以有效提高会计专业学生的专业技术能力和技巧程度。对会计专业的学生而言，掌握实操技能尤为关键，高职院校必须在强调理论学习的同时，让学生参与实践，并在此过程中激发他们的创造思维和创新潜力。实践教学内容需要与理论知识具有良好的融合和衔接，否则不利于学生的发展。所以，在课程安排上应该增加实践性课程。具体来说，会计专业的实践课分为"会计学综合模拟、设计"和"社会调查与实务"等，需要适当地分配课程比例，减少公共基础课的时间，提高专业课的时间，特别是实践课的时间占比。会计专业实践是高职院校会计教学的重要基础内容，主要目的是以会计专业基础实践为主，提高学生的基本实践能力。在这一教学过程中，理论知识和实践内容各占50%，教师也可以结合实际需求适当提高两类课程比例。主要可以从以下几个方面入手。

第一，强化特定会计操作技能。这是会计专业的核心部分，旨在指导学生熟悉并运用各种会计操作技能。根据企业的实际状况设计包括会计控制、现金管理、企业固定资产计算、职工福利结算、存货计量、经营费用计算、流动资本报告和税收检查等方面的工作任务，以增强学生的实战学习针对性与适应度。

第二，强化会计职位的多方位实际操作。这个环节属于会计专业的提高阶段，展示了全面的教育特性，学生必须熟练处理各种会计任务，并理解它们之间的关联，以此建立一套合理且实用的理论框架。这个阶段的学习目标并不在于深度，而在于其宽度及系统的完整性。具体的课程设置应基于典型的会计年度产生的分段式会计信息，创建模拟真实的实践场景，使学生能体验到各个职业角色的职责，进而认识到会计工作与其所在企业其他部门的关系，最终实现各部门间的协同配合。此阶段主要侧重于学生的实践活动，而教师的主要责任包括协作、辅导和支持等。

第三，创新实践教学方式，充分利用网络教学优势，模拟真实的工作情景，使学生得到更直观的体验。传统的教学流程是先讲理论知识，使学生对专业学习有一个整体系统的认知，再安排学生进行实训操作，将所学的专业知识转化为动手能力。而在进行理论学习和实际操作时，如果单纯地根据教材进行讲授，课堂内容就会显得比较枯燥单一，无法充分激起学生对专业学习的兴趣，也无法使学生对所学知识有更直观深刻的理解，因此，教师可以利用互联网进行创新教学，在课堂授课时插入教学小视频，对具体的操作步骤进行详细讲解。这不仅能够丰富课堂内容，也有利于学生对所学知识充分吸收，增加课堂效果，为接下来的实训课程奠定良好的基础。

第四，充分利用学校现有的实训基地和合作企业提供的设备，将课堂学到的理论知识充分融入学生的实践操作中，使理论与实践做到有机结合。作为一种直面社会生产的教育模式，高职教育的核心竞争力在于它能依据市场需要，培养出大量的高质量技能型人才，以此来支持地区经济的发展。所以，对于高职院校来说，在设置会计课程时应重视增强学生的实践操作技巧。当学校没有课程安排时，应该允许学生自主进入实训基地练习，并且定期派专门教师去解答他们的疑惑，让他们能在真实环境下把所学的理论知识应用到实际工作中，以便能更好地适应工作岗位的需求。

第五，创建理论与实际相结合的教育品质评价系统。在高职院校中，会计岗位人员实训效果直接影响教育的核心要素，因此，必须设立一套能够实时监控整个教导流程并推动教师教学及研究能力提高的教育品质测评制度。从根本上看，这个教育品质测评制度体现了"以人为主"的原则，它包括以下两个方面：一是通过全面、多样化的标准来衡量学生对于会计专业的理解程度；二是注重实用性的评分方法，把学生的课程进展、任务完成度、课堂参与度、实践操作能力和社交活动等方面纳入考评范围。在理论考核的同时增加实践考核类科目，以笔试、面试、口试、实操等多种形式进行。多元化的考核模式有利于提高学生的会计知识应用能力，尤其有利于学生专业素质和综合职业技能的提高，构建起开放、灵活的理论实践一体化教学体系，促进学生全面发展。

第六，创建基于工作过程的模块化课程体系。执行模块化的教育方法包含了以下几个方面：基本学科模块、技术科目模块、扩展科目模块等。每一个教导环节都被划分为单独而完整的小模块，并清晰定义其各自的目标。根据会计工作的特性来安排课程内容。借助这种模块化的教育方式，能够将复杂的会计原理拆解为单一的专业技巧，然后按序整理它们，构建起一整套教育过程，这有助于学生更有效率地掌握会计理论与实际操作能力，从而提高他们的实践水平。此外，基于满足初级会计职位的要求，可以挑选出适合应届毕业生的主要就业方向，例如出纳员、会计师、审计人员及管理者等。针对这一类热门职位，开展相关的工作任务研究，明晰所需的知识、技能和素质要求，并将这些任务归总到一起，构成具体的行业专业方向，依据学生的认知发展和职业成长路径，对此进行持续性的调整优化。除此之外，还可以设置诸如会计规划、银行会计等就业方向模块，以凸显学生的专业专长，设置诸如企业管理、市场营销、资产评价等就业拓展模块，以扩大高职院校生的就业空间。对于特定的教育内容，高职院校应以职业实际需要为依据设定更高的标准，而非仅仅达到职位所需的最低要求。为此，在设计模块时设定必须完成与可供挑选的学习项目，这样可以给予学生更多的自我决定权。同时，合理安排学习时间，把教室内的授课与课外活动相结合，强调基础知识的重要性，关注实训基地研究，以此来强化学生的理论理解及基本操作能力。在第二课堂中，对素质拓展和专业实训进行重点关注，对学生的实践能力和创新意识进行提升。在第三课堂中，注重对知行合一的认识，注重对综合实践的关注，丰富学生的职业体验。

≫ 第二节 改变教学理念

一、改变教学方式

对于高职院校中会计专业的学生来说，掌握多少实际操作技巧决定了他们具有多大竞争力，这是他们在求职市场上的立足点。然而，相关的数据分析结果显示，目前，大部分高职院校的毕业生，在进入职场后只能够从事较为基础的会计计算和管理工作，并且有些人的技能水平不足以应对这些最基本的工作。因此，解决这一问题并使学生能更好地投入到工作中，是所有高职院校会计专业的一个重要课题。所以，提升学生的实操技能，向企业输送具有实战能力的会计岗位人员成为高职院校会计教育的紧要任务。这意味着我们必须重视实践性的教学方式，以此来增强学生的操作能力，让他们不仅理解会计的基本原理，还拥有实际应用的能力，如此一来才能更快地满足社会的期望。基于这个观点，著者深入探讨了高职院校会计教育模式的改革与创新，结合会计专业的特征，提出了"合作—实践"的新型教学模式。高职院校会计课程的实操讲授，应根据企业目前的工作技巧和任务处理方式来设定，这样可以使高职院校的学生通过一起学习与合作的方式，亲身感受企业的会计管理环境，从而增强他们对职位需求的理解能力。下面是实现这个新型教学模式的三个具体路径。

（一）改进教学思维

教育理念对于构建高职院校会计专业的实操框架具有关键性影响，它预示了未来该专业的发展方向。教师为学生布置具体的工作任务，就如同搭建了一个能让学生展示其职场经验的舞台一般，这使学生的创造力和想象空间得到进一步拓展。教师借助互联网的新颖手段，采用多样的实践方式，把知识变得更具真实性且数字化，变得生动有趣，帮助提升学生的实战技能。实际上，创新的教育理念旨在打破传统的教导模式，利用多种实践策略激发潜能。需要摆脱过去"一刀切"式的模式，运用网络技术和多样化的思考实践手法，设立"自选项目"，由学生自主挑选符合个人兴趣和需求的学习途径，实时纠正错误行为，激励优秀表现，助推学生形成正确的人生价值观，从而有效约束日常行动。新的实践教学设想应直截了当呈现在每位学生面前，让他们萌生探索精神，不再过分依赖教师，自行选择感兴趣的研究项目。在实践学习过程中，学生能够积极发掘自身问题，主动向导师反映状况，这就便于教师找准教学的关键点和难题，针对这些问题作出有效的解释说明。单一枯燥的实践模式对学生有直接影响，比如会计题海战术策略运用不当，不仅浪费人力、物力、财力，更会加剧高职院校学生学习压力。若改变教学方式，就能够扭转现状。教师可以创建更少量、更具针对性的实践案例，并将其转化为新型的实践活动形态，这不仅有助于学生节约时间，也能引导他们加深对课堂知识的理解，从而为进一步优化实践教学体系打下坚实基础。

（二）改革教学课堂

在会计教学中，学生的起点和水平不同，在学习过程中产生的疑问也就不同。利用新的教学资源进行教学，可以从不同的视角和知识点来实现分层次教学，并且教师能够根据自身的具体情况协助学生进行学习。在进行自主学习的过程中，学生遇到问题，可以随时利用网络平台，与教师进行交流，提高实践能力。通过会计实践体系的优化，给了学生复习、巩固自己所学知识的时间和机会，使他们不仅没有错过教师在课堂上讲解的重点和困惑，而且可以反复练习、提高学习效率。所以，高职院校应该重视大数据和会计专业课程的研究开发，全面展示其特点，并成功实现授课与学习的结合。在新时期，传统的会计知识课程无法引起学生的学习热情，实践内容也相对单调，这已不足以培养优秀的技工人才。因而，对于高等技术人才的数据分析及会计管理教师来说，他们需要增强学校与企业的联合，通过模拟真实的企业工作环境来作为一种实践教学方法，以此实现他们的目标。把学生放在中心位置，改进授课的方式，积极运用互联网信息科技，采用线上线下混合式教学策略，借助云端会计管理实操平台实践改革，这样才能充分发挥会计管理实践教学的潜能，提升教育水平，使学生能够预先了解现实工作中的实际情况。如此一来，就能更有效地满足会计岗位人员的专业素质要求，激发学生的学习欲望和培养学生的社会实践的能力。

（三）优化教学设计

通过大数据，在会计实践教育中引入诸多新的教学方式，能够增强教学的时效性，迅速引起学生的注意力，并丰富教学内容。以直观、形象、生动的教学方式引导学生积极、主动学习，能更好地实现教学目标和综合育人的目的。在开展教学活动时，教师要做好课堂教学的前期工作，把各种不同的会计教育方式有机地结合起来，从课前、课中、课后三个方面入手，对教学内容进行优化。例如，在课堂教学开始之前，将大量的实际个案导入教学平台，让学生针对教学内容进行预习。在课堂教学过程中，教师结合课前学生的预习，对其中的重点内容进行讲授，并以学生为核心，组织小组讨论、小组汇报、小组竞赛，调动学生的课堂积极性。另外，还可以开展实践技能竞赛、游戏抢答等活动，让学生体会到实践课新的形态和新的改变，进而提升实践性技能，从而提升他们的动手能力。在教学内容结束后，教师需要强化学生的职场技巧提升，增强他们对"1+X"证书职业技术认证实际操作能力的掌握，以增进他们在经济和社会发展中的贡献力。在实施教育的过程中，教师应关注师生间的互动关系，重视主要与辅助关系的处理，关注细节，突出实操技术的实训来展现高职院校会计专业的教育教学变革过程当中需注意的一些问题及其应用方法。在新时代背景下，提升学生的实践能力，创新专业的实践课程体系。

在具体的课堂教学过程中，要注重实践环节。在高职院校中，会计专业要结合学生的实际，合理设置课程内容，尽可能使实践课与理论课保持较好的均衡，并在均衡的前提下，加强教材中的重点与难点讲解。高职院校应对目前的市场经济保持一种实时的监测状态，在进行教学时要与市场的发展相联系。教师可以在教学过程中引入一些相关的会计案例，让学生了解到市场的发展状态和趋势。

为了保证学生在校内外学习内容的一致性，提高他们的实战技能，需要在教育过程中实施一系列步骤。先在学校外的实训场地安排学生参与认识性实习，然后让其一边学理论一边在教室或实训基地做会计相关的工作。当他们完成了所有课程的学习以后，可以选择到校外实习场所进行全职实习，也可以选择继续留在课堂上进行全面的模拟练习。

总之，必须适时调整教育方式，在教育中实现实践与理论教育的融合，构建新的会计教学模式，这样才能有助于高职会计实践教学体系创新，有助于服务社会经济。

二、改进教学方法

教学方法是指教师依据教育目标设计的具体方案，以完成教学计划。好的教学方法能提升教学效果，营造学习环境，激励学生发掘自身潜力，协助他们掌握更多知识和技巧、解决问题。在传统的教学方法中，学生只有较系统的专业理论知识学习，没有锻炼专业技术和职业能力的机会。目前，高职院校会计专业迫切需要进行人才培养模式和教学方法改革。因此，需要解放思想，面向岗位和市场需求，进一步深化教育教学改革，深入探讨学科发展的基本规律，构建综合性育人模式。在此基础上，教师要采用最优的教学方法，使学生既能够掌握专业的基础理论知识，又能够习得实际操作能力，让学生得到更加全面的发展。

（一）采取多样化教学方法

教育的关键是激发并培养学生的创造力和思考方式，这需要教师持续更新教学方法。在过去的教育体系里，常常把教师视为主要的信息传授人，他们位于教育的核心位置，学生则常作为信息的接收方与理解主体。应该转变这种传统的教学方式：教师引导，同时鼓励学生自己去探索新知识。基于这一理念下的高职院校应同企业形成紧密协作的关系，将企业的设施运入学校内供学生使用，增加学生实践操练的机会，提升学生的独立研究能力和对解决问题技巧的研究热情。与此同时，必须强调，教师应当始终坚持"服务于学生"，并且通过实施"交互型"的课堂设计助力学生在自学道路上的进步发展。教师要采用多元化的教学手段，提高会计专业课程的课堂教学实效。例如，教师可以采用项目法、情境法、沙盘模拟法、分层次教学法、对比教学法和案例教学法等多种教学方法。这些方法目标明确、客观真实、综合性强、富有启发性、重视实践、突出学生的主体性。采用这些方法可以让教学过程动态化，取得多元化的结果，推动学生更好地理解理论，提升他们自主探索的能力，进而激发他们的求知欲望及增强学习动力，逐渐引导学生由注重知识积累转变为关注技能发展，使复杂的知识学习过程更具活力、形象化，容易把握。通过集合团队的力量，扩大教师和学生的思路，培养教师的创造力与应对实际问题的技巧和素质。

1. 项目教学法

项目教学法是教师和学生在教学过程中共同完成某一项任务，以推动学生学习的一种教学方法。在教师的指导下，让学生自主地参与项目活动，并提升他们的综合能力。项目教学法的显著特点是以任务为核心，教师担任配角，学生充当主角，强调学生自我探索与理解知识的过程，在这个过程中，教师的角色更像是引导员和调节人。在课堂上，项目教学法通常遵循四个步骤来展开，即确立目标任务—制订目标计划—组织项目实施—项目检查评价。

下面以会计专业的"成本会计"中成本费用核算教学为实例，按照以上的步骤，采用项目教学法进行具体的教学说明。

第一步，确立目标任务。教师会选择一个项目并收集相关信息。在开始授课之前，学生需要先掌握成本费用核算的汇总分配方式，核算教材中的相关数据资料。同时，对于即将要学的课题，学生也要提前做好预习。教师应该以教学目的为中心来安排任务，并且要对学生的认识水平进行充分的考量，同时与学校现有的教学资源相结合，注重对学生的职业能力等方面的培养。

第二步，以小组为单位，制订目标计划。通常每个小组需要有一名组长，其由组员选举或由教师指定。当教师组织学生学习时，需要考虑各类学生的能力差异并作出合理搭配，确保每个小组都能涵盖班级中优、良、差三类水平的学生。同时，应依据他们的个性和职责进行人员配置。此外，还需为他们提供"成本管理及分配策略和会计实务"的相关指南，以便在该指南的支持下，自行拟定与此项任务相关的工作方案。

第三步，组织项目实施就如何执行计划进行分组商议，作出决定。由各小组先制订一份方案，然后再对方案的执行过程及执行的具体步骤进行商议。这时，教师要提示每个小组需要结合计划进行具体的分工，并且每个人都要有明确的工作范围并担负起相应的责任。而后各小组按照研讨结果制定步骤，开始实施项目计划。

第四步，在项目结束后，进行检查评价。让每组学生自己核对本组的项目完成情况，教师则要从整体上了解每组学生项目的完成进度。在项目教学开展过程中，最关键的一步就是学生在完成项目后所作的自我总结与评价。在教育过程中，我们关注的并非项目的最终结果是否完美，而是学生在执行任务过程中的表现和行为。通过实际操作，教师可以观察学生的收获、面临的问题及解决方案等。这样的学习方法能使学生取得明显的进步。在对项目活动进行评价的过程中，教师能够对学生项目学习的情况进行全面了解，从而掌握教学目标的实现情况。

2. 任务驱动教学法

任务驱动教学法指的是在教师的引导下，通过设定一个共享的目标作为基础，鼓励学生主动利用各种学习资料进行独立研究和互动协作的学习活动。在教学中，教师应充分发挥引导性作用，使学生在课堂上形成一股"学习—实践"的热潮。基于构建主义的教育理念，强调了"任务"的目标导向性、实用性和实际操作的重要性，并要求创造出真实的学习环境。通过赋予学生真正的任务来激发他们自我学习的动力。

例如，在教授"基础会计"中会计恒等式的关系时，由于资产与权益被视为同一种资源的两部分，这成了一个难题，让学生难以掌握。因此，可以利用任务驱动的策略将其融入课程教育，并作以下安排。

第一步，向学生发布任务。它既是教师在课堂上所要教授的主要内容，又是学生在学习中所要获得的知识与技能。例如，一家企业要建立一个辅助原料加工工厂，必须先解决什么问题？

第二步，指导学生分析这一学习任务，教师给出恰当的建议。其一，企业必须拥有足够的资金才能开设工厂，这笔资金可以由企业自己提供，也可以由其他机构、个人或外国投资者提供。其二，如果资金不充足，还可以找金融机构进行贷款。经过深入研究、讨论和概括，学生能够清晰地理解两个主要筹资途径：一种是投资者的投资行为，以此明确所有权；另一种是向债务人借款来产生债务人权益（或负债），这两者共同构建了权益。

第三步，激发学生的思维。教师提出问题，该企业在筹集到足够的资金之后，应该怎样使用它呢？

第四步，请学生一起讨论。学生进行讨论后，得出结论：企业可以用资金来建设厂房，购置机械设备、无形资产、原材料等。

第五步，教师进行评价和总结。对学生的讨论进行肯定，并指出企业将其资金用于建设厂房以及购置机械设备、无形资产、原材料等，这就是对资金的一种运用过程，最后会形成企业的资产。然后得出以下结论：资产=权益；资产=负债+所有者权益。

通过上述探讨及解析过程，学生不仅能深化对于"资本及其权利实际上就是一种资源双面性"的认知，也能更为深入了解并熟练应用"总计为正数或零的所有债务+所有的股东投资＝企业拥有的全部财产"这个会计公式，这个公式的运用可以使我们更加清晰了解企业的经营状况、盈利情况等重要信息。实训结果表明，使用这种以完成具体工作作为学习目标的方法来教授课程时，既可以避免只注重机械化重复知识点的传统问题，也可以有效攻克课堂上的重点难题，让学生在自主热情的投入下还能进一步提高其处理复杂事务的能力水平。

3. 情景模拟教学法

教学情景模拟是一种充满虚拟特性且实践性极强的教育手段，在当今教育教学环境中占据着重要地位。情景模拟教学法指的是通过模拟或仿真再现事件发生和发展的环境、过程，使学生能够更好地了解教学内容，进而快速提升自己的实践操作能力的一种教学方法。在会计专业的教学中，基础会计、会计管理、会计实务是具有很高实务性的课程，都适合采用情景模拟教学法，即根据会计工作的实际情况，对银行、企业、事业单位的会计部门进行情景模拟，使学生通过"角色扮演"的方式进行学习。其主要目标是尽可能使学生在"真实"的情境下，对他们即将学到的东西、将来的工作环境、工作内容等有一个完整而明确的认识，从而提升他们的整体职业素养。

例如，在"基础会计"课程中，可以采用如下步骤运用情景模拟教学法进行教学。

第一步，搜集资料。教师给学生安排学习任务，让他们在上课前就会计凭证的编制进行资料的搜集。

第二步，计划决策。按照学生的选择划分成几个团队，然后教师依据每个团队的具体情况对他们进行合理的平衡调整。当所有团队都组建完毕后，各个团体的学生需要各自承担收款员、制作人员、审核官、记账员和会计主管等职责，而会计主管则作为这个团体的"领头羊"，全面监管着他们的任务操作过程。

第三步，实施方案。每队依照预定方案，逐一执行会计票据填写过程的仿真演练：经批准后的初始凭据被传递至会计处，审核人员对其进行二次审查，登记员依据已通过审核且未发现问题的初始凭据制作入账凭证，同时将初始凭据归类并粘贴于入账凭证之后，最后再交予收款员完成支付手续。而一旦收到款项，收款员会在该凭证上标明"现金结清章"以示确认。在此全过程中，教师须详细记录每位学生的行为细节。

第四步，检查评价。首先，在全部模拟演练结束后，要求学生作自我评价与小结，旁观的学生要给予评议意见。其次，结合自己的记录，教师对每一名学生进行综合评定，并对其中需要特别注意的问题进行归纳和总结。在进行总评的过程中，教师要注重以学生为中心，尊重、鼓励、赞扬每一位学生身上的闪光点，重点在于使学生在完成任务的过程中形成一种成就感，从而对该任务感兴趣。最后，在学生表现中出现的一些缺陷，以及在编制会计凭证时出现的一些错误，教师也要进行纠正，但是需要注意表达方式，不能对学生的自信心造成负面影响。

（二）引入多层次分层教学法

基于学生的能力和水平各有差异这一事实，我们采用的分级授课策略旨在确保所有学生都可以获得最佳的学习体验。虽然我们的主要宗旨仍然是以全班为对象展开课程活动，但在具体实践中我们会依据个体情况调整方法，以便适应各类学生的需求。通过对各个阶段的需求作出个性化处理，可以有效地激发他们学习的热情并且提升其信心，同时能优化整个教学的环境。

高职院校中的会计专业课程往往面临来自各方面的挑战：一方面来自入学的新生，他们可能对该专业的了解属于"空白"状态（即无任何基础）；另一方面来自那些已经具备了相关基础知识的新学生，他们在进入高职院校后继续选择这个学科作为他们的主修方向，需要在此基础上进一步深化其理论，提升实践水平。此外，受学生所处的地域背景、文化习惯和生活经历等方面的影响，每个学生作为个体都呈现出独特的个性特征，从而导致课堂上的互动方式也需要作出相应调整。基于这些考虑，我们建议采取一种更为灵活多样的教导策略，以便更有效率地将教育资源分配实现最大化。例如，可以按照以下步骤实施这种新的模式：首先，将所有参与者划分为几个小组，然后分别制定相应的培养方案，以确保每个人都能得到最适合自己的指导内容，并且能充分挖掘自身潜力，达到最佳表现水准；其次，要建立一套科学合理的多维度评价体系，用于衡量各个小组成员的表现力；最后，可以定期举办一些竞赛或者其他类型的测试，让学生有机会展示自己，取得成绩的同时给教师提供了解大家进步程度的机会。

三、整合教学资源

（一）整合企业资源

在实施产教融合的过程中，高职院校需要全方位利用企业资源，增强企业的即时介入力，使企业能够深入参与教学活动的每个阶段，这包括五个环节。环节一，企业可以向高职院校提交其对于人才的需求，以此形式参与制订高职院校的人才培养计划。环节二，在一年级时段，可以通过举办各种行业专家演讲会和批次观摩等活动，让学生对各行各业的会计职位操作程序有初步认识，并对会计工作有初步的理解。同时，还需依据会计管理的职务责任与技能需求来确定学习焦点。环节三，在二年级时段，在课程体系中加入与职业技能有关的实训课程，此时的实训可以在校内完成，具体的指导工作可由校内的实践课程指导教师和企业兼职教师共同负责。在实训开展的过程中，利用真实的企业模拟个案，让学生能够了解各种会计工作的实际操作技巧，并激发学生的学习热情。环节四，在三年级时段的第一学期，也就是第五学期，在恰当的时间，组织企业的专业人士作专题报告，向学生解释企业的招聘需求及用人要求，让学生能够为就业作好全方位的准备。环节五，在三年级时段的第二学期，也就是第六学期，让学生到企业的会计岗位上进行实训学习，由岗位老员工做兼职教师，带领学生进行实习，全面提升学生的职业技能。

持续推进学校和企业的合作实训体系，与合作企业在教师互换、教师顶岗、学生实习、合作交流等方面展开深度合作。此外，还可以组织由企业命名的班级和合作性班级等。对混合所有制办学进行探索，建立混合所有制二级学院，推动产教深度融合，进而提高人才培养的质量。如果高职院校中的其他专业已经建立了自己的企业，那么会计专业就可以指派一部分学生去为这些企业进行会计审核。这样，学生不仅能够通过实际操作积累一些经验，而且能促成各个院校相关专业之间的共同发展和合作。也可在校内设立真实会计核算工作室，为学生提供实习场地和设备，开展仿真会计实训。

（二）合理设置课程内容

教材内容是教学的主要载体，学校可以通过对教材内容进行改革，合理设置课程内容，减少课程内容的繁杂，并结合会计专业的特点，增加新的课程内容。

现代企业越来越注重员工的专业操守和品行修养，他们开始把像"会计法则"这样的课程纳入培训计划里，以提高年轻人的素养水平。鉴于会计专业的实际操作性和实时更新的特性，高职院校需要及时地重新设计其学科体系，并且根据当前小微型银行和小规模货运企业的快速发展趋势设立一些新科目，比如"小型银行业务管理"或"货物运输业财会处理技巧"等，以此扩充高职院校生所掌握的信息量，从而让他们更能胜任未来的工作任务。在新课程的开发过程中，也可以通过校企合作的方式来进行，结合合作企业的具体用人需求，对课程的框架和内容进行构建，使培养出来的人才与企业用人需求完全一致，让校企合作进一步加深。另外，目前所开设的课程中，如果有内容类似或关联度较高的类型，可以整合为一门课程，如可以将"成本会计""管理会计"合并为"成本核算与管理"，让学习内容更具有整合性，节约学生的学习时间并提升学习效率。

在学习与实训上，将学校与企业的"产教融合"协作贯穿于学生在校学习全过程。例如，在新生入学后不久，就可以开始进行专业认知实习，在此过程中，不仅可以让学生对校企合作的内涵有所了解，并且还能够对从事会计岗位所需要具备的知识和技能有基本了解，为后期的学习做好清晰规划，奠定坚实基础。除了学习与会计岗位相关的理论知识外，学生还可以针对流通、制造等企业的核算内容，引进成本核算与管理等课程的学习，这样能够更加了解企业的核算业务。实训基地的运用应该以灵活性为主，由于会计工作具有一定的保密特性，因此在与企业的协商过程中需要保持一定的弹性。

》》 第三节　构建完善的实践教学体系

一、改革实践教学大纲

（一）明确实践教学目标

高职院校会计学科的毕业生，需要在毕业后立即投入工作，并熟练运用他们的专业技能。因此，必须确保理论知识和实践的紧密融合，关注学生在真实环境中能力的提升，并在实践教育的目标设定中体现其实用性和操作性。确定相关职业技术学校的会计学习目标是：具备优秀的业务素养，掌握学习的知识和技能，完成学业后能胜任各种会计职务，达到初级会计师的水准。高职院校会计专业的教育应当突出职位要求，全方位展现高职的特点。高职院校的目标是让学生一毕业就能通过简单的实训直接进入工作状态，执行具体会计工作任务，否则就会失去高职教育的特点。为了达到此目标，在设计实训目标时要缩小理论和实际之间的差距，使之适应众多特定的岗位，如收银员、出纳员、税收人员、物料管理者、成本控制员等，然后对这些岗位进行相应的专业实训，以达到高职院校会计专业的培养目标。

（二）提高实践课程有效性

1. 理论课程任务化

针对实践课学习需求，在理论教材的设计中，强调了其与现实会计工作的关联度，各章节按会计作业流程排序并根据任务模块编写。这体现了高职院校的就业导向和职业能力的培养理念，旨在打造适应现代市场需要、具备扎实理论知识的实干型人才，让学生在掌握理论的同时，逐渐吸收实践技巧的使用方法。

举例来说，可以把"基本会计学原理"这门课程的部分内容划分成以下几个步骤：首先，制作与审查经济业务记录；其次，对账户及其分类做出设定及更新其信息状态；最后，生成金融报表等文件材料。每一步骤都需要相应的实际操作练习作为支持。这种方式有助于奠定学习者从事实际工作的理论基石。教师需要预备好每个阶段所需的数据、素材，并在开始上课之前明确具体的目标要求。为了更好地达到教育目的，教师可依据课堂主题设计出合适的项目活动，并且充分考虑学生的基础知识水平和个人理解程度，以便他们能够熟练地运用所学的技术手段解决现实问题，从而提高自己的综合素质。此外，还可以让学生按小组的形式开展合作研究，并将整个过程分解成为若干子项，由各队员分别负责执行，然后汇总成果形成最终答案提交给指导教师，评价验收并对学生的表现给予公正客观且全面深入的具体反馈意见，以此促进他们在面对挑战时能更加从容，也能进一步增强自身的沟通协调能力和组织管理才能。

2. 实践课程阶梯化

高职院校采取了逐步提升的教学方式来实施会计实践课程，先从基础开始，然后逐渐深入和复杂化，并按照这个顺序不断提高难度。具体来说，它被划分为三部分：课堂内的演示讲解、虚拟实训以及实地实习。教学的目标是通过这种方法教会学生如何实际操作，熟练地运用技巧，并在不断进步的过程中实现学校教育与工作环境之间的无缝对接。

实践课程的阶梯化，首先，在课堂上详细阐述与特定商业活动相对应的所有文件，这有助于确保所有学生都能理解并分辨出常用的收款凭证（如付款凭条）、销售或购买货物时使用的增值税专用发票等各种类型的会计记录。这个环节可以结合示范教学方法实现最佳效果。其次，通过虚拟环境中的角色代入式实训模式，如创建一家企业实体，并在其中使用类似真实的交易文档呈现其经营状况，每个参与者都需要亲自执行相关商务流程，包括制作会计记账表格等步骤，以此达到提升实战技巧的目的。最后，鼓励学生走出校园到外部机构中接受职业实训，或者直接进入与学校建立紧密联系的企业部门开展实地学习。

在这个三层结构里，每一层都能够细分成多个等级，以便于学生实训时掌握不同技巧。比如，可以把第二个阶段的实际操作练习划分为三种级别：小型企业实践、大型企业实践、制造业企业实践。通过让学生参与到和学校合作的小型企业会计管理过程中，可以在真实的场景中处理这类企业的经济事务。这个过程旨在提高学生对小型企业会计管理的理解和应用能力，让他们具备建立账目、审查单据、记录交易、编写会计报告的能力，同时为进一步开展大企业会计管理工作奠定基础。而针对大企业会计工作的实践，使用这些企业的虚拟发票作为计算依据，使学生有机会接触到大企业的经营活动。此举的目的在于，提升学生对大型企业会计管理的认识和运用能力，教导他们在面对此类企业时如何进行日常运营及年末结算工作，包括税务申报等方面的工作内容。此外，这种方式也有助于强化他们的职场竞争力和应对未来变革的能力。在制造行业会计管理的实践环节，选取制造行业的代表——工厂来做案例分析，利用其提供的虚拟发票数据，引导学生深入了解这一类型企业的运作流程，并在进货、生产、出货等相关事项上加深自己的认知程度。这样一来，不仅能让学生更好地掌握制造行业会计管理的关键点，而且能进一步提升他们完成更复杂的制造行业会计任务的能力，如增值税税款缴纳工作等。总之，这样的教学方法有助于满足社会需求，进而提升学生的整体竞争力。

3. 实践教学层次化

高职院校需要尊重且理解学生的职位认知过程和发展模式，并将这些因素融入学生的思考框架中去。应该根据实训过程划定不同的级别，坚持层级化原则以培养高职院校学生。如果把高职院校就业发展的路径视为分类的标准，那么可以把它分为以下几个部分。第一学期的实习期，主要是提升学生的专业技术能力和素质；第二个学期开始直到第四学期，通过外部的实训提高学生对会计管理知识的学习深度；最后两个学期，更注重资金运作方面的技巧，如投资决策等。此外，学校还必须站在实际角度来看待这个问题，让它跟新兴企业的发展紧密联系起来，从而实现教育目标。可以通过开辟校园内的实训基地，或者由高职院校联合企业的力量建立外部实训基地等方式实施这个计划，以便鼓励更多的学生参加各种活动，以此达到锻炼自我的目的。

4. 校外实训常态化

因为企业的核心信息主要由财会团队掌握，而教育机构并不承担向高职院校生提供教育的责任或任务，所以很多事务性操作都超出了学生的理解范围。此外，校园外的实地考察活动也不能完全确保其效果及质量，这使得高职院校学生提升技能的目标很难得到满足。为了解决这个问题，高职院校应积极寻求来自社会的支持以促进产教融合一体化发展模式。根据"双方共盈"的原则构建多元化的外部实训基地网络结构，涵盖制造业工厂、商贸行业等各种类型的实体组织。让每名学生都有机会参加外部实训项目，为之制定相应的外部练习规则体系。考虑会计岗位人员的具体情况，学校可采取循环方式安排学生的外出锻炼计划，让他们先进入生产线再转入金融管理专业的环境中体验工作，以便更好地掌握企业整体运营状况及其账务流程的管理方法，从而减轻企业的重要岗位的用人压力，学生也能为其创造真实的经济效益，进而实现真正的互利关系，建立长效稳定的协作机制。把这种常态下的模拟演练持续下去，才能充分发挥其实际价值。从这个角度看，它不仅有助于激发学生的自主求知精神，也有助于培养他们在工作中所需的技术能力和道德品质。

（三）倡导教材开发实用性

教材是会计专业实践教学的根本保障。针对高职院校的学生需求，应挑选能提供有效引导的教材，用以协助学生逐渐熟练技术操作。包括寻找适合学生的实操书籍、项目式教学材料、分阶段的学习资料、示范案例等。为了找到一套高效的实训教程，必须依据行业发展动态和专业技能进步方向来制定实际标准，并以此为基础创建一套合理的实战课程体系。

首先，实训教材应具备模拟特性。实训教材需要重视信息的真实性，基于实际企业获取的数据编制实践教学内容框架，设计初始票据时，除了包含真实的、合规的及合理的票据外，还应该包含有问题的或不符合规定内容的票据。不仅要设置手续完备的凭证，而且要设置手续缺少的凭证。这样，模拟度越高，学生的感性认知就会越强，实训效果就会越好。

其次，实训教材需要强调职业特性。实训教材应该重点强调会计职位的特性，为了提高学生的就业能力，在开发实训教材时，应以提升学生的综合职业素质为核心。在实训过程中，注重加强学生的职业技能，根据不同岗位的工作内容来设计实训内容，让学生能够亲身体会每个会计岗位的工作内容和岗位职责，这对培养学生的职业能力十分有利。

最后，实训教材开发需多元化。高职院校会计专业的根本目的在于为企业培养会计人才，所以教材的开发需具有针对性和开放性。在进行实训教材开发时，除了要积极吸引产业、教育方面的专业人士参与进来外，还要积极提倡与企业进行联合开发。在理论知识方面，虽然企业员工并不如高职会计讲师掌握得那么深，但由于他们从事会计工作的时间相对较长，因此实践经验十分丰富，他们对每个岗位都有详尽的认知，比如出纳、物料核算、收入核算、费用核算、会计费用核算、会计总账报表等岗位。在研发课程的过程中，如果让企业的工作人员也加入其中，那么就可以开发出更多元化的适用于会计专业的实训教材。可以让学生对与财会有关的每个职位的工作内容和责任都有一个清晰的认识，这样才能让学生在毕业后更快地适应工作环境。但是，当前高职院校大多还在采用以单一的企业作为主体模拟企业的实训教材编写模式，因此，如果想更好地满足市场的需要，就必须针对不同的行业进行实训教材的开发，这种方式可以大大增强实训教材的实践性和可信度，同时可以提升学生的实践能力，从而达到培养出满足企业需要的专门人才的目的，也有助于实践教学内容的发展、充实和改进。

二、现代学徒制引进及应用

（一）现代学徒制内涵及实施方法

"学徒制"起初是一种通过实践中的口头指导和身体示范来传递技术的方法。然而，随着工厂制造业的发展，企业的大型生产逐步替代了传统的手工艺制作，使这种方法在教学效果和教育标准方面受到了质疑，不能满足人们对全方位发展的人才的需求，因此，学校的职业教育体系开始逐渐代替传统的学徒制并成为主流。但学校职业教育过分注重学科知识体系，容易导致理论与实践脱节，为解决这一弊端，现代学徒制应运而生①。现代学徒制是一个融合了传统学徒实训方法和现代学院教育优越性的职业教育体系。该体制基于学校和企业的双边优势，把学生的培养视为核心任务。总的说来，现代学徒制是以校园和企业合作关系为根基、通过课程联系起来的技术技能人才培养策略，这种策略依赖于高职院校和企业的深层参与，职业技术教师和企业导师的专业引导②。目前，国内实施的现代学徒制是以政府政策为引导，通过校企合作、产教融合，实现"双课堂"＋"双师型"共同培养技能人才的一种创新技术人才培养模式。

作为高职院校的核心与未来发展的方向，现代学徒制对现今高职院校会计专业的教学产生关键性影响。发达国家的现代学徒制已经相当完善，其涉及多个利益相关者。我国主要采用由政府、企业和高职院校共同主导的多方协作方式来推动现代学徒制的发展，并强调学校的主动性和企业的责任感。然而，由于会计管理专业缺乏明确的服务对象，且各个企业中会计岗位人员的职位占比较小，因此该专业的就业机会并不集中。为了有效地推行现代学徒制，有必要进一步研究如何在学校的主导下，结合行业的实际需要和企业的具体情况，建立一种有效的"双元"培养机制。与传统的人才培养模式比较，现代学徒制为学生创建学生身份，同时使其具备学徒这种不一样的身份，让学生既能在教室学习，也能接触企业管理模式。在学校和企业的合作下，现代学徒制的教育方式使学生有机会到企业实习并提高自己的技能水平。为了确保这种新型的教育模式能够顺利实施，需要从以下几个方面着手：首先，学校的教务工作必须紧跟企业的步伐，调整和改进教学策略，以便适应新的环境变化；其次，对于学生的出勤情况要加强监管力度，防止因双重实训带来的管理疏忽导致教学效果受损；最后，要建立一套完善的学生评价系统，包括对学生、教师及导师的全方位考核，以此来保证评分的公正性和准确性。

（二）实施现代学徒制意义

对于高职院校会计专业建设而言，实施现代学徒制具有重要现实意义。高职院校会计专业主要培养在会计一线岗位工作的高素质技术技能人才，需要企业参与，才能真正实现产教融合，提高人才培养质量。

第一，会计专业实践性强，用人企业通常要求应聘者有会计工作经验，现

---

①② 胡秀锦．"现代学徒制"人才培养模式研究［J］．河北师范大学学报（教育科学版），2009，11（3）：97-103．

代学徒制可以让学生有效掌握会计职业技能。现代学徒制通过"双师"教学让理论与实践紧密衔接，可以使课堂教学内容与企业工作岗位技能需求无缝接轨，使学生掌握会计相关岗位的显性职业技能。更重要的是，企业跟岗实习实践可以让学生自然习得职业道德、职业度、职业作风等方面的隐性职业精神，让学校的人才培养更符合企业需求，打通就业最后一公里，让学生能毕业即上岗，提高学生就业率及就业质量。

第二，现代学徒制能够增加企业在高职院校会计专业人才培养上的深度和广度。在现代学徒制体系下，企业是重要的实施主体，其全面参与可以有效提高高职院校会计人才培养质量。校企双方应改善合作不够深入问题，在人才培养方案拟定、课程和教材开发、教学设计与实施、考核评价组织、教学研究等方面进行有效合作，促进校企合作的深度与系统化，从而提高人才培养质量。为适应当前行业结构的发展趋势，提高制造业的基础水平与链条质量，2021年发布的《职业技术学校学科设置指导意见书（2021）》对之前的会计专业的名称进行了调整，将其命名为大数据与会计专业，同时增加了一些关于数据处理的新科目，例如"大数据基本原理""大数据应用技术"等，这需要高职院校联合业界一起制定新的教学大纲及其配套教材以培养学生的相关技能，更好地适应企业的实际要求和服务行业的需求。现代学徒制还能促进和完善对企业的鼓励、引导政策，提高企业的热情及参与度，真正做到校企合作、产教融合。

第三，促进高职院校会计专业"双师型"教师队伍的建设。通过现代学徒制的建设，高职院校可以引入企业技术能手，将一批具有丰富会计实践经验的优秀人才引进、充实到高职院校教学一线，优化教师队伍结构，提升高职院校会计专业的教学水平。同时，高职院校可以组织专业教师进企业，有效提升师资队伍的双师建设水平。

（三）对会计专业现代学徒制构建模型分析

在实施现代学徒制的过程中，学生的职业技能实训须频繁地融入企业的实务环境中去。这意味着，若想让一整个班级的学生都能参与实习或就业，至少需要足够的会计职位、规模化的会计工作任务及众多的企业来支持这一需求。这种状况使得会计专业的现代学徒制必须依赖大规模的企业集团或者借助校企合作的关系，以获取充足的工作岗位，或者选择使用代记账服务，利用该企业的业务专业为学生创造更多的就业机会，还可考虑引入第三方机构，充当高职院校与多个企业间的桥梁，并与其达成合作协议，能安置更多学生从事操作实训。基于现代学徒制下学生实训的方式及企业对人才培养的影响力差异，当前我国高职院校中的会计专业现代学徒制的主要实践形式可以概括如下。

1. "会计工厂"模式

"会计工厂"模式的构建一般是高职院校与外部代账事务所或者会计税务顾问服务企业协作完成，学校负责提供工作场所及设施，而企业需要提供真实的票据、账本和商业资料。借助这种方式，学校能向学生提供实际的工作职位和真正的商业任务，同时有企业导师来引导、提高他们的实践操作技能。也可以选择高职院校自己创建代账企业的方式，例如，与代账企业或代账协会达成合作关系，然后在学校内部设立自己的代账企业，以承担中小型企业的代账职责。虽然会计专业采用现代学徒制的人才实训方法，它实际上更像是一种工作学习结合的教育模式，无法真正做到招聘就等于雇用。因此，毕业后，学生需要独立寻找工作机会。但是，通过使用会计工厂的现代学徒制，能够极大地增加学生的就业竞争优势。

2. 会计共享中心模式

伴随着金融服务一体化和数据分析技术的发展，会计管理专业正在经历一场革命性转变。会计职能正逐步融入网络世界中，并通过电子化手段实现了信息的迅速传输。这使得企业内部的会计处理活动从物理场所转移至虚拟平台，从而使大型企业或小规模企业的会计任务得以在一个地方统一完成，也就是所谓会计服务中心。

高职院校、会计企业及会计信息化解决方案提供商共同建立了一个基于现代学徒制的会计共享中心。通过利用会计云网络科技对大量的真实商业案例数据进行电子化处理，把原本以纸张形式存在的实际账户资料转换为数码文件并将其传输到会计共享中心。这样一来，学生可以借助远端记账系统来完成真实的账务记录，从而实现提升实操环境下实时处理各种交易活动的能力。这个过程涵盖了从核算到税务申报再到咨询及管理的全方位工作内容。

设立由学校和企业共同创建的会计共享中心，旨在对企业的会计信息进行集中管理，这是一种以大数据为基础构建的针对小型及中型企业的会计税务服务的会计共享方式。通过设定标准的操作步骤和严格的风险控制体系，可以在会计共享中心完成常规的会计任务，让高职院校学生无须离开校园就能直接体验到会计职业第一线的实际工作内容，从而实现高职院校与财政税务服务机构之间的产教融合，实现同步培养人才的目标。

3. 校企专业共建产业学院模式

这种方式是高职院校联手专门从事金融信息技术的服务型企业共同建立专业的协作关系，他们一起创建了产学研一体化教学基地——产业学院。双方共同制订人才培养计划，把企业的课程纳入学校的专业基础课中，让企业专家和学校教师一同讲授这些课程。在学校课程的设计方面，更注重企业的工作职位课程、创新创业课程及云会计实操课程，为学校提供真实的会计操作平台和实训基地建设解决方案，由企业指导者负责讲解，当学生毕业后会直接被推向就业市场。学生升入二年级第二学期或者三年级之后，企业就可以开始参与进来，实施订制化的实训，设立全部由企业设计的就业岗位实训课程，并在其中加入实际工作环节，只有那些完成了学习任务、顺利通过考试、具备实习能力的学生才能最终获得正式的就业机会。这个模式实际上就是高职院校与企业携手构建、管理、分享专业知识，按照企业的需求对学生进行个性化培养，使他们在毕业的时候就能立刻投入到工作中。

为了满足快速发展的数字经济需求，必须提升高职院校中会计专业的教育质量，并增加学生的信息技术处理与解析技巧的学习内容。许多高职院校已经开始建立专门的数据智能金融机构来实现这一目标，同时在校企联合的教育计划里加入了如 Cloud Finance，Big Data，Robotics Application 等相关学科的内容教学，以此应对未来对于高职院校生具备信息化素质需求的变化趋势。

根据前述研究结果发现，为了有效提升会计专业的教育质量，可以采取构建会计车间或者会计共享平台的方法来实行现代学徒制的人才培养模式。这种方式的核心在于学校负责提供办公空间，企业则承担实际的工作项目与业务文件，并使用企业的真实会计数据引导学生进行操作练习，从而使他们能够真正进入岗位环境，完成理论与实操的学习过程。另外，利用产业学院的专业合作机制推进现代化学徒制的实训，主要依赖于企业的参与，这意味着高职院校每年需支付较高的建造成本，同时将学生的实训责任交给企业，使企业在学校课程建设环节占据核心地位，学校的全职教师更多地担任辅助管理的角色。对于高职院校来说，在推行现代学徒制的教育方法时，应考虑实际情况，全面权衡利弊，创建适应自身定位并且富有自己特点的现代学徒制体系。

（四）现代学徒制融入会计专业教学实施路径

1. 构建"双主体"人才培养模式

自我国高职院校大规模招生后，长时间维持的是班制授课方式。这种方法为企业有效地提供了大量的毕业生并大幅度减少了企业的实训费用。然而，这种方式暴露出明显的缺点，许多技能的学习需要实际操作才能掌握，而非仅仅依赖于课堂上的理论讲解，这就使学生的实操能力不足，无法满足企业需求。目前，我国的高职院校教育仍处于以校园教育为中心，仅少数企业参与的状态中，主要依托刚从学校毕业的硕士生或博士生教师及部分具有企业经验的教师来制订人才培养计划。尽管众多院校积极推动"产教融合""校企合作"，并且还会给学生提供顶岗实习的机会，但这些实习职位并非都与学生的专业完全匹配。特别是对于会计专业的学生来说，每家企业所能容纳的会计类学生人数是有上限的，因而常常会出现一部分会计专业的学生被分配至其他部门进行实习的情况。虽说可以体验一下企业的氛围，但对其自身的专业专长没有太大提升作用，反而可能耽误他们在该专业进一步深造或考试认证。此外，也有不少学院提倡与企业协作共创人才培养策略，实施顶岗实习或者订购式实训，又或是让教师实地调研后再设计基于工作的课题，但所有这些都是由学校主导完成的，进展缓慢且效果一般。

构建"双主体"的人才培养模式，可以有效解决这一问题。21世纪初，我国已经发布了相关文件明确企业聘用大学毕业生所需满足的标准。当前急需关注的问题是如何平衡"过分重视学院实训而忽视实际操作经验"的情况，我们应当努力建立一种以"企业为主体"与"学院为主体"并重的"双主导"模式，如此一来，既能保证学生在学校接受基础理论知识的学习，也能让他们通过讲座、实例分析和模拟等方式掌握技巧，同时能确保他们在校期间就能有机会到企业工作，获得符合他们所学专业的现场实习体验，从而能够亲身体验真实的会计管理、材料账务处理、税收计算、金融账户维护等工作，这比起仅依赖教师的示范或学生的想象更为贴切且效果显著。此举有助于增强学生对于职业方向和专长的理解，进而引导他们设定清晰的职业发展路径，提升应届毕业生首次就业时的专业匹配度。作为高等教育的最大受惠方，企业理应承担起协助院校实现更高品质人才培养的责任。此外，企业的角色决定了员工的发展离不开在企业实习的过程，只有在企业中实践，学生才能取得更大程度的成长和自我完善。

2. 构建"双身份"学徒角色

在成功地实行现代学徒制的国家中,学生通常具备两个角色,他们既是学校学生又是企业见习生;在校园里主要接受教师的教导,而在企业中则更多依赖于导师的教育。目前的情况是,我们把会计专业的高职院校学生视为普通的学习者而非实际工作中的从业者,他们必须通过导师的引导才能独立掌握某个特定专业的实践技能。这种模式下教育的核心步骤为:要得到企业的支持,并被其聘为助理或初级员工,从而获取工作的资格,以便真正做到与业界的紧密协作。所以在推行这个计划时,应该着手处理好这个问题,即如何确保那些已经步入高职院校的莘莘学子,能够充分认识到自己作为一名未来职场人的重要性,并且从内心深处产生一种对于工作的敬畏感及热情度。

我国部分高职院校已经开始实施一种新的策略,即通过聘用来自企业的工作人员完成实训课程。这种方法有效地解决了学生的地位问题,同时为他们提供了实际的工作体验。例如,云南省交通运输技术学院已与梅赛德斯-奔驰和宝马企业达成合作关系,并设立了一个名为"订制班级"的项目,该项目完全按照两家企业的专门人才培养方案执行,并在课堂内分配给每位学生不同的角色,使其成为各汽车销售店的主管或经理,从而让他们承担起具体的责任,让他们针对各自所在地区的特点提出解决方案。这样一来,学生就能获得类似于工作场所的环境,亲身感受到工作压力。这个项目的缺点在于它并没有彻底解决问题——如何找到合适的导师。尽管高职院校的教师拥有一定的行业知识,但他们在专业实践中仍有不足之处,而且企业派出的专家参与授课的情况很少见,因此这个问题仍未得到妥善处理。为了给学徒以双重身份,可以从以下两个角度入手。

其一,调整录取政策,扩展自选学生的范畴。当前高职院校的录取人员主要针对高中毕业生及职业学校学生,而对于企业人员则较少涉及,所以高职院校应试行新的招录策略,招收企业职工,甚至核心团队成员,为他们提供再次深造的学习机会,让他们掌握新的技巧和手段。一旦他们学成后,就能直接回馈企业,这样一来,校企便可达成共赢局面。

其二,高职院校需要进一步优化"订单班"的教育方法。尽管许多高职院校已经开始实行这种教育方法,但是大多数情况下只是一种简单的签约行为,无法确保毕业生顺利被分配到相关企业。一方面,新生仅通过高职院校的宣传来选择"订单班",并没有深入了解实际情况,一旦发现实际情况与其预期相差甚远或对其所选专业及企业感到不满，就会离开这个项目；另一方面，用人企业自然倾向于挑选优秀员工，这导致很多刚毕业的学生面临着失业问题。若能构建更深层次的企业合作体系，使企业也能参与到人才实训中并分担风险，签署一纸入学即入企业的合约，则可以有效保障学生在学校接受实践教育的可能性，从而大幅度提升人才培养的品质，同时会使学生的职业技能和专业素养得到显著增强。

3. 打造"双体系"校企合作课程

虽然许多高职院校正在努力研究各种教学方法，并将其付诸实际行动，但是大部分的研究仍局限在概念层面，而不是真正的实施阶段。像德国家族品牌梅赛德斯-奔驰，就通过内部系统来对其雇用的新员工提供全面的专业技术指导并积累实操经验。他们会根据不同的工作职位设定详细的标准大纲供新入职者参考，并在企业环境下接受深度、专业的学科内容，然后被安排至具体的部门，去完成实战任务，直至最终获得正式任命资格。这是一个很好的案例，说明可以有效地利用针对性强的教材设计出高质量的人才培养方案。同样的情况还出现在我国的一些国企里，其在一些重要的产业专业设立自己的职业技术实训机构，或者设立专门的技术工人进修中心，以便更好地解决自身人力资源需求的问题，其中较著名的是云南钢铁集团旗下的"云冶职院"。

"双体系"的教育方式是指教师遵循基础教育准则，结合专业的学科内容和企业职位的设计来创建课程。这种方法强调了高职院校的高级性和实用性，同时考虑企业的制造过程、产品的技术创新、市场营销策略以及客户支持和服务，包括企业的文化和价值观等。此外，还采用多种学习途径，如通过教室授课学习基础知识理论，通过实地考察提升实践技能和熟悉制作步骤，并在网上探讨问题，由导师指导解决实际难题。

在校内，会计专业的学生掌握了基础概念后，可以直接投入实际工作中去。例如，担任出纳或税务会计等工作职位，并由经验丰富的导师引导和监督整个实践环节。与此同时，他们在企业中也能直观地感受到自己所学的理论知识还不够完善，会主动寻求教师的帮助以进一步深化他们对理论的理解，这种针对性强的学习方式能够极大地激发他们的自主性和求知欲。

（五）现代学徒制融入会计专业教学思考

1. 选择适合的现代学徒制合作企业

成功执行现代化实习制度的核心在于企业对项目提供的协助程度。为了实施这一制度，学校须与企业紧密协作，充分运用企业的员工及职位资源来开展学生的日常实训活动。然而，这需要企业投入大量的时间和精力，尤其是在那些追求盈利最大化的企业中，他们通常需要设立专职部门或者岗位来负责这个职责，这样才能确保他们在处理常规业务的同时，有效地履行学校的实习责任。

所以，我们可以将会计专业的现代学徒制下的协作机构划分为两种：一种是有充足的信息科技资产的教育服务企业，另一种是代账企业。第一种类型具备真实的账目资源及强大的技能基础，并有完善且经验丰富的现代学徒制运作方式，但是学校必须准备相应的资金来支持其执行。例如，某些新的商业学科教育科技服务企业在学校和企业间建立联系，替代企业履行现代学徒制的责任，他们不仅能吸收学生就业，还能通过自己广泛的人脉网向企业推荐优秀员工。另外一类就是代账企业，这类企业只需在学校内部设立工作场所和设施就能参与到现代学徒制中，所需投资较小。然而，由于业务范围和规模所限，在学生培养方面所能提供的支持相对有限，学校应依据自己的预算决定是否与其合作。

2. 企业利益与院校管理协调

企业加入现代学徒制，可以通过与院校协作提升企业的名望和社会的影响力，并且能获取由学校提供的劳动力和人力资源库，从而降低部分人力开支。然而，一方面，企业以利润为主导，其对现代学徒制的投入多少由政府资助的多少来决定；另一方面，高职院校的主要目标是教授知识和培养人才，如果企业自身的运营需求与其学徒实训计划发生冲突，就会严重打击其参与现代学徒制的热情。因此，在挑选合作伙伴的过程中学校要仔细考虑，增强与企业的交流，并对企业实施监督、签署合同来明晰双方在现代学徒制中各自的责任和权益。此外，在学校管理的许可下，应尽可能地满足企业追求利益的需求，实现学校和企业之间共赢，以此激励企业更积极地参与到现代学徒制的学生培养工作中去。

3. 全面考虑会计学徒就业层次

采用代理记账企业的形式实施现代学徒制，其主要目标是为小型企业服务，这些企业可以成为毕业生的第一个工作场所。这种方式能有效提高学生的职位适应力，因为他们将在整个过程和多个行业中接受全面的实训。然而，这可能限制了学生在未来的职业增长潜力。现代学徒制强调增强学生的实际操作技能及会计素质，而非会计分析与管理会计方面的教育。所以，为了优化会计专业的现代学徒制，应该从税务计算出发，扩展到包括纳税建议、业务会计分析、管理协作等专业，以此来强化学生运用数据技术、解读企业运营情况、设定企业预估、规划内部规章、应对风险挑战、形成决策支持等方面的工作能力，从而构建起由初级会计师向高级会计主管再到会计总监的发展路径。

4. 合理分配学徒学习时间

在实行现代化学徒制的过程中，我们必须对学生的实际实训和理论学习的时长作出适当调整，而非只关注他们的实战经验，忽视了他们对基础知识和操作技巧的掌握。此外，学校和企业应该共同规划学生的实训期限，防止他们在即将毕业的时候面临找工作难的困境。一旦确定课程表，就应当坚决执行，以此为学生提供最好的保护。在这个工作学习相结合的方式里，学生需要适应角色转换的过程，因此，学校和企业在管理学生时须妥善处理其在企业的工作时间和在校的理论学习时间，确保学生在企业的实训时间的安排是科学且合理的，这样既能提高学生的专业能力和素质，也能让他们有针对性地提升自己的技艺水平，进而实现职业要求的全方位对接。在德国"双元制"的职业教育体系中，大部分学生主要的学习时间都是在企业内完成的，每周大约三分之二的时间用于现场实习，剩下的三分之一则用来上课学习理论知识，最后的成绩评定主要是由企业来决定的。应该参考德国"双元制"的教育模式来调整学生的学习制度，并适当调整实习生的工时，打破传统上由学校主导的评价体系，和企业一起参与评价工作，这样可以建立起多元化的实习生评价方法。

5. 大数据背景下会计学徒培养方向

随着数字化经济发展及财会专业的变革，许多高职院校已把会计信息的提取、梳理、解析及其视觉呈现能力视为会计专业的核心教育任务之一。然而湖南省的企业招聘信息显示，目前招聘的职位主要集中于基层金融管理专业。即便是大型企业或机构设立了专门的数据信息分享平台，他们还是要求员工必须具有坚实的基本理论功底和大量的实际操作经验。未来大规模的信息化理财工作将会成为一种必然现象，对于初入职场的学生来说，基础知识依然是非常重要的部分，不可忽略。另外，"1+X"证书制度实施之后，"X"代表的是最受企业欢迎的专业资质证，即为职称考试合格者获得的中级职务从业证明书。所以为了使我们的教学模式更具针对性，有利于学生就业，有利于他们的长期职业规划，应该采取融合式的人才培养策略。

三、加强校内及校外实训基地建设

（一）实训基地功能

高职院校的教育实训是学生从理论学习到现实运用的重要过渡环节，它既能提升学生的实用技能任务（包括工作能力和知识水平等），也能推进新技术的普及传播及其相关研究活动的发展，因此，它是整个高职院校中必不可少的一部分。对于高职院校来说，建立高质量且符合国家理念的专业实训基地至关重要，学校应该立足于满足社会需求，注重毕业生的工作适应性和创新精神，鼓励校企合作发展模式时高职院校要努力培养具备先进科技素养的人才，而非单纯追求科研成果本身，这些原则都直接影响院校在搭建实训基地方面的各种考量。具体来说，实训基地的主要功能包括以下三方面。

首先，它是实现知识转化为能力的场地。高职院校会计专业的实训基地是学生将理论知识转化为实践中的重要平台，有助于他们从"知道"转变为"行动"，这是校内实训基地的主要作用。根据专业课程安排及实践教学要求，在完成一定程度的理论学习后，学生就能在实训基地进行相关的实际操作、技巧实训。这种实训练习从单项到多项、从简易到繁复、从虚拟到现实，逐步提升学生的动手能力和解决问题的能力。

其次，具备信息的回馈功能。高职院校通过会计专业的实训基地，既能实时掌握社会的对于会计从业人员的需求标准，也能认识到自身在学科安排、实操任务及教师团队等方面的缺陷，有助于持续推动教改工作，以提升院校的教育教学水平及综合竞争力。此外，高职院校也能通过实训基地深入洞察行业的实际操作流程情况，从而比较分析虚拟场景与所处现实情况之间的差异，力求最大限度地优化实训条件，确保院校可以培养出更多的符合市场需要的专业人员。

最后，为学生提供提前就业的机会。通过高职院校会计专业的实训基地，学生能够迅速学习并熟练运用相关职位所必备的基础技巧，了解会计工作的步骤和过程，更能提早体验职场环境，培养出优秀的职业素养、职业伦理和职业观念，进而提升他们的就业能力，减少他们对新工作的适应时间，缩短了他们找工作这一过渡阶段的时间。在招聘员工时，校外的一些实训基地，优先选择有实际操作经验的学生。这样一来，学生就无须耗费大量时间和精力去求职，节省了找工作的费用。

（二）实训基地建设要求

高职院校会计专业实训基地按照不同的标准有不同类别，如按照选址位置，可分为校内实训基地和校外实训基地。但是，不论哪种形式组建的实训基地，都应当突出实训基地的特点，达到以下要求。

其一，有实操场景。依据情景学习原理，学生在高职院校的学习动力主要是由现实情境驱动的。因此，在构建高职院校会计实训基地的过程中，院校需要尽量实现以下三个方面的真实场景：一是实践环境的真实性，例如，高职院校内的会计专业实训基地应当模拟国税局或者银行这样的物理场景；二是实践材料的真实性，比如学生的会计记录表格，包括各类原始文件（如发票、收据等）、记账单、会计账本、会计报告等都应尽可能真实；三是会计职位的真实性，按照《会计基础工作规范》的要求，可以在校园内设立会计主管、出纳员、会计处理等岗位，这些岗位，也可能是多人共同承担某个岗位的工作，但是必须要遵循"不可兼任"的原则。已经实行会计电子化的企业，通常会设置基本会计岗位和电子会计岗位，而电子会计岗位也可以与基本会计岗位结合使用。这样一来，学生能置身其中，激发出学习热情。

其二，加强学生的实践能力培养。院校内的会计实训基地应该为学生准备充足的手工技能实训材料和设备，以模拟真实的企业运营状况，让他们有机会学习编制记账单据、填写账户、制作并解析报表及整理会计文件等工作流程。这有助于学生在会计工作中熟练运用确认、记录、测量和汇报的方法，并且学会对相关数据进行深入分析。同时，院校鼓励学生在处理基础的纸质会计工作中进一步提升自己，尝试使用电子化的手段来提高效率。这样一来，学生不仅可以更好地理解会计工作的全过程，而且能逐步熟悉利用计算机技术辅助管理企业会计工作的过程。对于那些希望在学校之外获得更多经验的学生来说，校外会计实训基地必须具备足够的条件去支持他们完成岗位实习、轮换实习或毕业实习，以便学生能在更高级别和更复杂的环境下接受全面而深度的实训。

其三，对学生进行全方位培养。构建关于会计职位能力实际应用的项目时应兼顾其对语言阐述技巧、社交交流技艺、数据分析技术、团队领导能力和决策能力的培养需求，这样才能全方位地提升学生的财会从业素质。例如，可依据企业顾问服务的特性来准备相关票据及记录表格等文件，并模拟执行各类财经任务，以此实现教学研究一体化功能，也能作为教授科学研讨学习场所或给高职院校生实施社会化辅导的服务平台。此外，还可通过仿真实训使高职院校生了解企业的经营过程以便他们能顺利步入工作岗位，也可借助该实训基地开展内控管理的实训活动，让学生确定企业的资产配置直至获得顾客订单，再到产品制造交货，最终收取款项的所有环节内的财政管控练习。还可以借此机会把所有的商业要素融合起来，制订出销售费用、库存、资金、人事等方面的发展计划进而优化各项经济元素之间的关系，提高整体收益水平。

其四，结合课程。不同的课程需要的实训基地类型也不尽相同，在建设校内实训基地时要结合课程的需要进行充分的考量。例如，金融学是一个结合了理论与实践的科目，因此，其实训基地必须能向学生展示各种账目记录及报表文件等相关材料，学生可以体验到真实的社会商业行为，学习相关的财政资讯处理方式，对工作中可能面临的挑战给出合适的解决方案或建议。这有助于学生学习运营策略，改进方案实施的可能性。此外，教师可以让学生自主选择不同的教育模式或实习项目，以满足学生的学习需求和个人兴趣爱好，这样的安排旨在建立多元化的实训计划，从而增强学生的参与度和应变力。在教师的引导之下，学生可以通过具体的案例掌握更多的知识点，并将所学的原理运用到实际中，进而深化这些概念的研究，快速进入工作状态。利用企业电子报税实训平台，学生能亲自体验到提交各种任务的实际操作过程，如税收注册、发票领取、缴纳税费等，能在实训基地中逐步深入理解征收机构工作人员的电子税务处理技巧、策略与技能，同时能了解并熟练运用纳税人所具备的纳税电子化的知识体系和流程，从而提升解决问题、防范风险和执行税务工作的能力。

（三）实训基地建设保障措施

1. 做好实训基地规范化管理

要想最大限度地发挥高职会计专业的校内外实训基地的作用，必须加强实训基地的标准化管理。

第一，学校内部实训基地的管理。作为高职院校会计专业的核心教学环节，实训基地在会计专业中起到了提供教学支持、技术研究开发、科研平台和社会服务等多重角色。一般来说，这些基地由所在系部直接负责管理。所以，会计专业所在的系部要从思想和行动上对实训基地的建设给予足够的重视，具体来说，包括了以下两方面的内容。其一，要把实训基地的建设列入本系部的重点发展计划之中，制定年度工作方案，定期召开会议，明确工作目标，明确责任，并建立严谨的评价体系。其二，要完善各类实训基地的管理体系。创建如"实训基地建设管理办法"等一系列相关规定，并根据实训内容编写相应的实训方案、教学大纲、实践指南及评价标准，以保证实训基地能够按照科学且标准的流程运行，从而使高职院校的教育项目更加贴近实际要求。

第二，校外实训基地的管理。会计专业的校外实训基地多为与高职院校具有合作关系的企业，为了保证双方合作的密切性，维持良好的合作关系，同时保证学生在企业进行实习时能够真正参与到企业生产活动中，必须建立起健全的管理体系。首先，建立健全规章制度。为了确保会计专业的学生在学校与企业联合的机构里完成实习任务，需要制定一系列如"校外实习基地操作指南""校外实习生行为规范""校外实习考核标准"等规定条例。这能使学生明确实习的目标和需要注意的事项，也能使企业的经营者和会计部门的人员了解他们的责任和目标，从而提升学校的教学质量和企业的运营效率。其次，要构建长期的合作关系。会计专业的校外实训基地很难设立，因此，需要与已经产生合作的企业加强长期的合作关系。企业有可能考虑降低人才培养的费用、减少雇用人员的成本、提升企业的知名度和经济收益等因素来选择合作伙伴；而学校主要会根据其是否能够满足会计专业人才的培养需求来决定具体的合作伙伴。只有在一段时间里双方都能实现自己的目标，才能进行长期、稳定的合作。

2. 采用多种类型的合作形式

高职院校的会计专业，在构建校企合作的实训基地时，可以考虑采取"订单式""共享型"等多元化的合作模式，与企业或地区内的其他院校展开合作，来提升企业参与合作项目的积极性，提升实训基地的实践技能实训效果。如常州高职园区就采取了"共享型"的协作方式建立了实训基地，园区内的5所高职院校采取投入资金的方式来购买实训所需的设备，采取"企业化管理，市场化运行"的运行机制，这5所高职院校中的学生能够共享实训基地，很好地提升了实践技能水平。这种合作取得了较好的成效，获得了广泛的社会认可。

》》第四节 构建科学化评价体系

一、保证考核方式多元化

（一）校内与校外考核相结合

对高职院校会计专业学生的评价，不能仅以课程分数或行为表现为标准来判断其整体素养或是能力体现，并且评价者也不能仅限于教师或是学生。评价不仅需要考虑学生对学科知识的掌握，而且要考虑其实际应用技能掌握程度。基于目前的教育产业化趋势，为了确保会计专业的毕业生能满足未来的工作要求，高职院校必须扩大学生的学业评分范畴。这意味着要把更多的权责交给那些不在教育一线的人员，如校长、行业领袖还有家长等，由这些非直接接触教育的群体去做，才能更客观公正且准确无误地反映学生的真正实力，比如，可以引入一些新的考查项目对实践操作能力进行测试，反馈教师的授课质量等。而作为父母来说，则会更多关心孩子的发展方向是否符合自己的期望，是否能找到一份理想的工作，从而作出更为理性的分析，并给出相应的建议指导。所以，高职院校也应当利用现代化科技手段加强跟父母的沟通，以便让他们能积极主动参加学生的评价。

企业作为职业教育的合作伙伴，对于学生的评价更倾向于观察他们的基本技能、对关键技术的学习水平和实践操作能力能否满足企业的职位招聘标准和社会的需求，倾向于了解他们的品德培养，以评判他们的工作伦理素质。显而易见，企业的评分方式能更好地适应行业的用工需要，尽可能实现教学场所与实际工作环境的高度统一。所以，让企业更多地参与学生评价，给学生打分或给出评价级别，可以使其更清楚地了解企业对员工要求，以便他们在未来的学习过程中更有动力。拓宽外部的评价，能让更多的评价主体加入到学生评价环节，让学生逐渐符合行业的用人标准。

所以，对于高职院校会计专业课程的评价应该由学校主导，系部参与，结合实习企业和其他相关方的评价，完善评价体系，对学生的素质进行全面且合理的评价。

（二）过程考核与终结考核相结合

传统的教育系统通常依赖于总结性评价方法，更注重测试成果而不是学生的学习历程。然而，对于高职院校而言，其目标主要是培养实用型技能人才，单纯通过试卷上的理论测验分数对学生作出评判并不符合该类型学校的特性，这也无法充分反映出学生的全面素质。因此，为了适应高职院校会计专业的特色需求，应该加大过程性评价的比例，强调学生的自主性、潜力开发和个性的塑造，同时把他们在整个学习过程中所展现出的综合实力及实际操作技巧纳入评分标准里。应适当调整考核的侧重点，从过分关注最终结果转向更为看重考核流程。当前，尽管部分高职院校仍旧依据学期的最后一次测评决定考核结果，但实际上，很多学校已经开始尝试用全年的整体表现来衡量学生的能力水平。

面对这种情况，应该转变现有的方法，例如，知识点、工作能力、品德修养等方面，来评价和衡量学生能力及情绪状态等各方面的情况。对于教学而言，可以采取多种形式考查学生的表现，包括他们的上课活跃度、课堂笔记记录情况，团队协作中工作成果展示情况、参加技术竞赛或其他相关活动的投入情况、日常生活中展现出的行为习惯（如有无良好的时间管理）、个人性格特征（是否有较强的自我控制力和自律感）等。另外，也应当关注那些无法用测验直接反映出来的特质，如个人的心态稳定性和适应环境变化时的应对水平等，都可作为评分标准之一。与此同时，要注意避免过于苛刻地对待每个环节的成绩打分问题，要更注重激发学生的自信心，给予更多的肯定表扬，而不是过多的指责批判。再者就是，适当地提高平时各阶段考试分数占比的同时，降低最后一次大测试的重要地位，使学业结束时最终的考核结果更加全面且公平。例如，针对"一般纳税人业务实战"这门课程的评价方法，其评定结果是由两个主要方面决定的，即日常表现与实践任务。其中，日常表现占总分的四成，涵盖了学生的出席率、课后练习、课堂活动、学习积极度等方面。而实践任务则占比六成，旨在测试学生在一般纳税人企业中的手动记账技能和会计电子化的应用技巧。该项任务评价通过提交的作品和口头陈述来实施，通常会在实训项目结束之后进行。这些作品可能包含手写票据、账本及使用会计软件进行账目管理，然后由教师根据学生的成果给出评分；至于口头陈述环节，则是让学生就相关的实训主题进行即时问题回答。

（三）学生自评与教师评价相结合

高职教育需要重视并尊重学生的主导角色。在新旧评分系统中，学生往往没有成为焦点，而是经常作为测试的目标对象。在当前的考试制度下，这种方法应予以调整。在评价过程中，必须注意学生的自测情况，指导他们在规定时间内进行相应的科学性的自我评价，确保评价结果的准确性，这有助于充分发挥他们的热情和主动性，同时为现有的评价体系提供改进和增补的机会。适当地融入自我评价，可以使学生更加客观全面地了解自己。此外，学生的自我评价或学生间的相互评价，可以帮助他们更深入地理解自身的优点和缺点，让他们独立且详尽地审视自己设定的每个标准，有利于他们更好地自我反省。通过实践操作来展现，互相选出进步明星、规则明星等，这样的榜样示范效应会进一步激励学生勤奋练习，提醒他们只要付出努力就能收获奖励，赢得好感和赞誉。在内部评价环节，利用学生本人、同学间的评价手段，可以让学生更深刻地自我认知和自我检讨，掌握自我评价能力，激发学习的激情，实现优质的学习成果。

（四）正常评价与增值评价相结合

增值评价主要关注的是学生的知识提升幅度，即他们在学校教育过程中所取得的知识和技能的变化情况。一般情况下，我们用"增加值"对这种成绩进行评定。例如，当一名学生入学时的考试成绩为 70 分，经过一定时间的学习后他的分数提高到 80 分，那么他在这段期间内所得的 10 分就代表着他的提升表现，而非最后测验中得的 80 分。这是对学生最为真实且公平的评分方式，有助于他们的持续发展和进步[①]。

一直以来社会对高职院校的学生认可度都不太高，这是因为在人们的传统思维中，仍然秉持着以学习成绩高低来评价人的思想观念。高职院校在高考录取批次中处于第二批次，通常成绩较高的学生都会选择本科院校就读，所以，第二批次能够录取到的学生，成绩都不会太高。因此，对于高职院校的学生进行考核时，采用增值评价的方式更为恰当，可以有效避免因为考核"一言堂"带来的负面影响，这种评价方式主要关注的是学生自身的进步和成长。通过评价过程中的点滴加分，可以帮助学生找回自信，提升他们学习积极性，充分发挥主观能动性，只有学生从内心深处真正产生学习的欲望，才能够有达成教育目标的可能性。学生积极学习不仅有利于自身全面素质的提升，而且有利于高职院校人才培养质量的提升，而通过学生的进步，可以有效改变社会和家长对高职院校和高职学生的看法，提升高职院校和学生的社会认可度。

---

① 南纪稳. 教育增值与学校评价模式重构［J］. 中国教育学刊，2003（7）：3.

（五）理论评价与技能评价相结合

提高技术评价的占比。技能评价与理论评价结合起来，有助于全面评价学生运用理论知识的能力，从而提升他们的职业能力。目前，高职院校会计专业课程主要侧重于理论学习，其考试的核心依然围绕教材的内容，对于实际操作相关的专业技能并未给予足够的关注，过于注重理论忽视实操的情况暴露无遗。所以，更应该强调实践能力的比重，只有技能成为重要的考查项目，高职院校才有可能达成教育目标。

二、构建双证书评价机制

推动高职院校会计专业的学业评价和职业技能测试相结合，突破原来评价系统的限制，实现评价体系的改革，真正用评价来推动会计专业学生能力的提高，实现会计专业人才培养与社会企业用人的有效对接。立足"以人为本"的整体评价理念，立足学生的专业发展需要，从知识、技能和素养三个方面入手，使课程评价和职业技能评价"合二为一"。

以"1+X"证书制度为背景，以会计专业和实训评价机构的多部门联动为保证，从根本上解决"双证书"体系中"两张皮"的问题，从根本上解决会计专业证书考虑中的"应试"现象，提高会计专业学习的效率和效果，大幅度降低高职院校的人才培养成本，促进高职院校的人才培养和企业对人才的需要相结合，为学生的终身发展提供服务。依据新设立的评价体系与评判准则，对学校的融合课程进行全面评价。对于理论知识和技巧能力的测试由学校负责实施，命题者应独立于授课教师之外，主要采用笔试和电脑操作的方式。职业技能评价应以全过程为重点，以综合评价为主，由实训评价机构和鉴定中心统筹实施。所有科目考试完毕后，按照"双证融通"科目的考试结果，对学生的成绩进行评价，并授予相关的职业资格证书。

第五节　提高教师团队专业素质

一、建设高水平专职教师团队

（一）扩大人才引进渠道

当前限制高职院校发展的关键因素之一，就是高级知识分子和技术专家的短缺。根据湖南高职院校教师聘用渠道分析，目前，教师招考有两种方式：一是由省或市级人事部门下属的人事考试服务中心组织的公共事业岗位统一招聘考试，即"事业企业考试"；二是当学校的教学资源不足而又需要增加师资时，会自主组织招聘考试。这两种招考对象包括应届高职院校毕业生和社会在职人士。就选拔方法及报名条件而言，两者均侧重于笔试，并设定了一定的学科与学位门槛。这些招考方式部分解决了高职院校对于高层次人才的需求问题，确保了教师团队的专业水平，但也因此排除了那些具有丰富工作经历却学历不够的技术型人才。

为了解决产教融合中存在的挑战和冲突，实现高职院校的紧密对接企业的需要，院校必须增强吸引力，扩大高级人才引入途径。首先，要调整招聘策略，增加对实用型人才的聘用。在招聘教师的过程中，高职院校可以针对应届毕业生和社会在职人员设置两个不同的招聘通道和招聘标准。对于有工作经验的社会人士，应该更看重他们的实际操作能力而非理论知识，如果他们具备较强的专业技术水平，可以适度放宽对他们专业的要求和学历门槛，以便更好地吸纳这些具有丰富经验的高级技工人才。另外，构建人才储备体系也是关键一环。可以通过与优秀高职院校合作，实施"定向实训""优先支持"等措施来挑选那些既能学习又能工作，并且有意愿投入到高职院校专业的学生，把他们当作未来教师的重要候选人。同时，高职院校不仅依靠自身的努力去寻找人才，还可以利用其他手段，比如通过人力资源网络平台或者与专门的人力资源机构协作，突破地域局限，从全国各地招揽优秀的博士生和企业科技专家，打破人才引进渠道过于狭窄的情况。

（二）提升专业课教师实践能力

打造一支具备深厚理论基础和强大实际操作能力的教师团队，对于高职院校实施"校企联合""工作学习相结合"的教育方式来说，是最基本的前提条件，也是打破目前高职院校教育发展限制的关键环节之一。当前，我国高职院校会计专业的专职教师存在着人才来源单一、人才构成不均衡、缺乏实际工作经验等问题。因此，解决教师实践能力不足的问题，对于综合育人来说是首先需要考虑的问题，高职院校具体可以通过以下方式进行改进。首先，让会计专业教师到生产第一线去实习。利用节假日，有针对性、系统性地让会计专业的教师到生产第一线参加企业的生产实习。教师在实际操作中，能够深入了解企业的生产流程、业务流程以及部门会计制度等，他们可以熟练地进行会计核算、会计分析和纳税申报等任务，同时能对税收策划等工作有深刻的理解，从而弥补一些理论上的不足。在对教师实习企业进行选取时，院校应注重其产业代表性及多样性。其次，充分利用校内岗位资源，如安排教师到院校内的会计部门顶岗实践，以提高他们的实际操作技能。再次，还应分批安排教师到国家职业教育师资实训基地进行进修，对教学法、方法论和心理学等方面进行深入的了解，持续提升教师的实践教学水平。最后，通过可以举办和教师实际操作技巧相关的技能竞赛，利用竞争精神，实现"通过竞赛促进学习，提升自我"的目标。

（三）提高"双师型"教师队伍整体素质

1. 加大教师实训力度

对现有教师的专业教育投入是增强会计专业的教师职业技巧及核心理念，构建高质量教师团体的关键手段。鉴于当前高职院校中的会计专业"双师型"教师数量偏低，且其"双师型"的教学团体品质仍需改善的事实，进一步增加教师教育的强度变得至关重要。高职院校应该依据会计专业教师的教育能力和差异，实施不同的策略并按层级加强师资培养，以提高"双师型"教师的综合素质。首先，强调的是个人修养的提升。为了更有效地提升教师团队的质量，学校可以挑选一些优秀的教师前往高职院校进修，深化他们对于专业理论的研究和学习，同时激励那些愿意并且具备条件的教师继续深造，获得硕士或博士学位，以此来提升他们的学历等级。其次，要扩大实际操作技术的培训。考虑现阶段阶段存在的大量教师在专业理论方面有着较强的教学实力，但在实践指导方面的能力却相对欠缺的问题，可以利用企业的实战练习、兼职工作、师父领路等方法，针对性地增大教师实际操作技术的培训。选择一部分中青年精英教师进入企业一线，全面掌握企业的生产流程和科技动态。借助与企业的合作，开展新的技术研究和服务，持续提升自身的专业技术水准，累积实践经验。与此同时，为了确保实训的效果，需要加强教师的实训评价工作。运用集中授课、岗位实习、单独考试、逐步检查等方式提升教师的实践技能。对教师实施全面的现代化教导方法及职业操守的教育实训，使每位教师都能够深入理解并运用教学原则，了解基础教育的原理与心理学的基础概念，擅长教学技巧，并且能应用先进的教学工具等。对于刚刚进入高职院校的专职讲师，实行"先工作再教授"的原则，让他们先进入实际操作场所的相关职位中接受一年的实习磨炼，然后再开始他们的课堂教学任务。

2. 完善教师实训体系

为了优化教师实训系统，高职院校需要改进现有的教师实训管理体系。这个体系是基础和保障。高职院校会计专业应根据自己的定位和发展需求来制订教师实训管理方法、实训计划及评价考核方法，并且要灵活地执行。

高职院校致力于结合多种方式进行教育实训，包括内部分配的教育资源及外部的教学环境，如线上的学习平台和现场授课等。院校积极寻求与企业的紧密合作，邀请企业中的专业技术人员到学校演讲，或者派出教师前往企业实习等，以此充分发挥企业在教师实训过程中的关键作用。由于企业不仅需要技术人员，而且需要优秀的管理者，因此他们的参与对于提高教师素质至关重要。此外，为了确保校企融合教育的成功实施，建议院校采取项目导向的方法，这样可以更好地满足学校的需求，解决存在的问题。当教师进入企业时，应该带上相关课题，提出疑问，然后再带回解决方案和经验教训。关于课程内容的挑选，要注重其多元性和实用性，根据院校的师资力量和获取到的实训资料情况做出合理的安排，建立起有层次的实训课程系统。避免盲目追求数量而不考虑效果的行为产生，切实地从现实中寻找答案，从需求出发。在评价考核方面，院校可以使用不同的手段，比如笔试、个人感想汇报、实操练习等，把这些成绩纳入教师的评定标准，从而激发教师更高的热情。接下来，院校需要利用职业教育联盟来构建"双师型"教育者实训专才数据库，定期更新与管理这个数据库，以确保其成员的专业水平始终保持在一个高度。另外，高职院校要增加对教育工作者实训的财政支持力度。在条件允许的情况下，院校可以创建专门用于教育的基金会，以便更好地实施有效的教师实训工作。

二、优化兼职教师队伍

（一）加大兼职教师引进力度

从西方国家高职教育的优秀表现可以发现，他们的兼职教师始终占有一定比重，并且兼职教师承担了许多重要的教学和实操任务。想要进一步推动高职院校与企业的深度合作，就需要高职院校能够满足行业的需求，以实际操作流程为基础来设计课程，并确保毕业生符合企业用人标准。这种情况对于高职院校的教师团队是新的挑战。所以，高职院校需要聘请那些拥有丰富工作经验和技术的专家作为兼职讲师，以此改善师资力量配置，保证技能型人才的教育水平。最近几年，湖南省高职院校会计专业的兼职教师数量持续上升。但是根据当前高职教育的发展趋势来看，高职院校仍旧面临着人才短缺、教师流动性大、教学质量需提高的问题。因此，大力吸引兼职教师加入到这个专业是非常必要的。

高职院校应充分发挥其与企业紧密联系的有利条件，主要针对地区经济发展主流行业的就业需要，坚持"使用而非拥有"的基本原则，采用技能实训、项目合作、科研开发等灵活的人力资源引进策略，吸引企业的杰出专业技术人员加入校园工作，持续拓宽人力资源获取途径，增加兼职教师团队规模。兼职教师既可能具备制造或服务的实际操作经历，也可能是企业经营的管理实践者，他们深知企业所需的人员素质，也清楚相应能力的需求。所以，对于高职院校而言，聘用企业兼职教师至关重要。高职院校需聘用企业员工担任兼职讲师职务，同时要设置合适的教学或者管理工作职位，让企业有机会参与到教育的各个环节之中。这些兼职教师既可以是一线的工作人员，可以直接教授学生现场工作的经验和技艺，也可以是企业的高层领导人，向学生传递企业运营的智慧。他们的讲课方法包括亲自来到学校授课、带领学生前往企业实地考察、举办演讲会等多种形式。他们的授课内容不仅涵盖教材中的知识点，而且包含行业发展的最新趋势、职业发展的教育等多方面的信息。

（二）完善兼职教师聘用、管理及实训制度

其一，完善兼职教师的聘用与管理制度。为了确保兼职教师团队的素质和稳定性，高职院校需要持续改进兼职教师的招聘和管理机制。院校可以设立专门的兼职教师人才库，并对其中的教师实施动态监控，以确保库内兼职教师的数量和质量。

其二，完善兼职教师实训制度。兼职教师需要利用他们的理论知识来实施教育活动。因此，在兼职教师正式上课之前，为了他们能全面掌握相关专业的理论知识，在开课前高职院校可以提供一次集中的理论培训。同时，应安排定期的团队辅导以提高他们的实际教学技巧，并加强对其教学品质的管理，保证他们的教学水准。此外，可以通过团体备课的方式让兼职教师有机会与专业教师一起制订教材，以减少重复的内容，引入新的观念，彼此分享经验。这样不仅有助于解决兼职教师缺乏实际教学经验的问题，而且能加深全职教师和兼职教师之间的理解，强化兼职教师的认同感和责任意识。高职院校还可以举办由优秀教师或者现有的兼职教师主持的研讨会或教学经验交流会，以便让他们吸取更多有关理论知识和教学方法的信息。总而言之，企业兼职教师是维持高职院校实操教育的核心力量。虽然这部分师资来源广泛且多元，但是学校仍须想办法确保师资素质，稳定教学水平。

参考文献

[1] 朱建.大力推进企业界参与校企合作的动力机制[J].中国电力教育,2008(4):15-17.

[2] 安海涛.高职院校开展科研服务工作的路径方法研究[J].内蒙古教育(职教版),2015(3):17-19.

[3] 马江斌.高职技能型人才培养研究:基于湖南战略性新兴产业[D].长沙:湖南师范大学,2012.

[4] 岳爱臣,李怀伦,唐洪森.论高等职业教育与产业布局发展契合度:以泉州信息工程学院深度融合地方产业为例[J].职教论坛,2019(1):118-121.

[5] 王中,胡六星.职业教育集团对区域经济增长贡献的系统动力学分析[J].中国职业技术教育,2016(33):44-48.

[6] 中共中央、国务院关于教育工作的指示[J].江西政报,1958(18):1-6.

[7] 中共中央 国务院关于印发《中国教育改革和发展纲要》的通知[J].中华人民共和国国务院公报,1993(4):143-160.

[8] 国务院关于大力发展职业技术教育的决定[J].人民教育,1992(1):3-5.

[9] 国家教委印发《面向21世纪深化职业教育教学改革的原则意见》[J].邯郸大学学报,1998(2):3.

[10] 教育部等七部门关于进一步加强职业教育工作的若干意见[J].中华人民共和国教育部公报,2004(11):40-45.

[11] 国务院关于大力推进职业教育改革和发展的决定[J].劳动世界,2002(12):38-41.

[12] 教育部关于推进中等和高等职业教育协调发展的指导意见[J].云南教育(视界时政版),2011(10):34-36.

[13] 教育部印发《教育信息化十年发展规划(2011—2020年)》[J].中国教育信息化,2012(8):95.

[14] 国务院.国务院关于大力发展职业教育的决定 2005 年 10 月 28 日[J].中华人民共和国教育部公报,2006(Z1):7-11.

[15] 全国人大常委会关于修改《中华人民共和国教育法》的决定[J].陕西省人民政府公报,2016(6):5-14.

[16] 教育部.教育部关于充分发挥行业指导作用推进职业教育改革发展的意见[J].中华人民共和国国务院公报,2012(2):13-15.

[17] 国家教委、国家经贸委、劳动部关于印发《关于实施〈职业教育法〉加快发展职业教育的若干意见》的通知[J].国家教育委员会政报,1998(4):169-177.

[18] 教育部关于印发《关于全面推进素质教育、深化中等职业教育教学改革的意见》的通知[J].教育部政报,2000(6):268-272.

[19] 国务院.国务院关于加快发展现代职业教育的决定[J].职业技术,2014(8):7-11.

[20] 教育部 发展改革委 财政部 人力资源社会保障部 农业部 国务院扶贫办关于印发《现代职业教育体系建设规划(2014—2020 年)》的通知[EB/OL].(2014-06-16)[2023-08-15].http://www.gov.cn/gongbao/content/2014/content_2765487.htm.

[21] 国务院.国务院关于印发国家职业教育改革实施方案的通知[J].中华人民共和国国务院公报,2019(6):9-16.

[22] 新华社.中共中央办公厅、国务院办公厅印发《加快推进教育现代化实施方案(2018—2022 年)》[J].中华人民共和国教育部公报,2019(Z1):6-8.

[23] 教育部,国家发展改革委,工业和信息化部,等.教育部等六部门关于印发《职业学校校企合作促进办法》的通知[J].中华人民共和国教育部公报,2018(Z1):70-74.

[24] 人社部财政部印发《关于全面推行企业新型学徒制的意见》[J].职业,2019(2):4.

[25] 王坤,沈娟,高臣.产教融合政策协同性评价研究(2013—2020)[J].教育发展研究,2020,40(17):66-75.

[26] 张志军,范豫鲁,张琳琳.国家产教融合的历史演进、现代意蕴及建设策略[J].职业技术教育,2021,42(1):38-44.

[27] 黄新平,黄萃,苏竣.基于政策工具的我国科技金融发展政策文本量化研

究[J].情报杂志,2020,39(1):130-137.

[28] 赵雪芹,李天娥.基于政策工具的我国民生档案政策文本量化研究[J].档案学研究,2020(6):37-46.

[29] 欧阳恩剑.我国职业教育产教融合的制度变迁:制度供给理论的视角[J].中国职业技术教育,2020(13):5-12.

[30] 李楠楠,王儒靓.论公私合作制(PPP)下公私利益冲突与协调[J].现代管理科学,2016(2):81-83.

[31] 曾晓玲,何寿奎.重大工程项目PPP模式公私利益冲突与行为演化博弈研究[J].建筑经济,2019,40(12):66-72.

[32] 段绪柱.公私合作制中的政府角色冲突及其消解[J].行政论坛,2012,19(4):42-45.

[33] 潘书才,徐永红,陈宗丽.高职院校"产教融合,校企共育"人才培养机制探究[J].江苏经贸职业技术学院学报,2021(5):58-60.

[34] 郭雪峰.高素质技能型人才的培养[J].湖南科技学院学报,2012,33(12):149-150.

[35] 魏振东.产教融合背景下高职院校人才培养模式创新研究[D].昆明:云南大学,2019.

[36] 朱梦子.职业教育人才培养质量评价的对策探讨[J].未来英才,2017(18):152.

[37] 朱晓蓉."竞赛—能力—就业"路径的高职会计专业教学改革探索与实践[J].当代会计,2018(4):67-68.

[38] 刘占山,王文槿.走进狮城:新加坡职业教育考察报告[J].职业技术教育,2015,36(21):70-76.

[39] 杨辉.德国职业教育国际化发展趋势[J].黑河学院学报,2016,7(6):42-43.

[40] 张清涛,常莉.国外现代学徒制的成功经验对我国职业教育的启示[J].卫生职业教育,2017,35(18):13-14.

[41] 石晓天.英、美、澳三国高等职业教育产学合作教育政策分析及对我国的借鉴:从公共政策的角度[J].当代教育理论与实践,2009,1(6):1-4.

[42] 余沫汐.日本职业教育"产学官"联合办学模式研究与借鉴:以日本高等专门院校为例[D].南昌:江西科技师范大学,2014.

[43] 李进.美国联邦政府职业教育政策变迁研究[D].南京:南京师范大学, 2014.

[44] 王岚.基于"鲁班工坊"提升我国参与全球职业教育治理能力研究[J].职 教论坛,2022,38(3):37-44.

[45] 吕景泉.服务"一带一路",职业教育的新作为:"鲁班工坊"[J].天津职业 院校联合学报,2018,20(1):3-8.

[46] 张建.吉林汽车职教集团发展战略研究[D].长春:吉林大学,2020.

[47] 林乾洋.杭州电子科技大学信息工程学院产教融合发展研究[D].兰州: 西北师范大学,2020.

[48] 姚小平.高职院校基于职业能力导向的会计专业实践教学研究[D].石家 庄:石家庄铁道大学,2018.

[49] 陆勇.会计实践教学模式创新研究[J].商场现代化,2013(21):170-171.

[50] 曾丽娟,杜敏,马云阔.大工程观理念下高等工程教育改革探索[J].教育 探索,2013(9):35-36.

[51] 胡秀锦."现代学徒制"人才培养模式研究[J].河北师范大学学报(教育 科学版),2009,11(3):97-103.

[52] 杜广平.我国现代学徒制内涵解析和制度分析[J].中国职业技术教育, 2014(30):88-91.

[53] 南纪稳.教育增值与学校评估模式重构[J].中国教育学刊,2003(7):3.